日本仏教史研究叢書

奈良時代の官人社会と仏教

大艸 啓

法藏館

奈良時代の官人社会と仏教＊目次

【凡例】

・「正倉院古文書」の現所属は、以下のように略記する。

正集古文書 → 正集　　続修古文書別集 → 続修別集
続修古文書 → 続修　　続々修古文書 → 続々修
続修古文書後集 → 続修後集　　塵芥古文書 → 塵芥

・東京大学史料編纂所編『大日本古文書（編年文書）』は、大日古と略記する。

・正倉院文書の出典表記は、「正倉院古文書」の現所属、および大日古の巻数・頁数・行数を、「続々修一六ノ七、一二ノ二六三10」のように表記する。ただし、行数は省く場合もある。

・正倉院文書の史料名は、東京大学史料編纂所編『正倉院文書目録』一～六（東京大学出版会、一九八七～二〇一〇年）に所載のものはこれに従い、その他は大日古の表題を「　」を付して表記する。

・正倉院文書の復原配列順を示す場合は、前掲の『正倉院文書目録』の断簡番号（①や(1)）を用い、マイクロフィルムの紙番号はアラビア数字で記す。

・引用史料中において「　」を付した箇所は、日下などの場合は自署であることを示し、その他は本文と異筆であることを示す。

・四字元号は、以下のように略記することがある。

天平感宝 → 感宝　　天平神護 → 神護
天平勝宝 → 勝宝　　神護景雲 → 景雲
天平宝字 → 宝字

奈良時代の官人社会と仏教

序　章　古代仏教史研究と官人社会への視座

第一節　問題の所在

六世紀中頃にわが国に伝来した仏教は、王権や有力氏族による受容の範囲を超えて、古代の列島諸地域にも伝播し、民間へも広く浸透していった。その受容過程の様相については、行基のような遊行僧および私度僧などによる布教活動や、在地社会における仏堂の存在形態などの視点から論じられてきたが[1]、その場合、国家仏教とは相容れない側面が強調されることが多いようである。日本古代の仏教史像は、七世紀末以降の律令国家による仏教政策の興隆により、王権の支配装置としての側面を大々的に見せて展開したとされるように、国家仏教に関する議論が主流となっている[2]。誤解を恐れずにいえば、国家仏教という仏教史像が前提となり、民間社会の仏教の動向がそれに対置する背反的なものとして捉えられ、両極端な方向から研究が進められてきたといえる。

このことは、古代史研究における史料の乏しさによるところが大きい。民間における仏教の受容やその展開に関する研究方法としては、『日本霊異記』（以下、『霊異記』と略記）などから社会的実態を抽出する作業が基本となるが、史料の制約によって、正史や法制史料などから窺われる国家的な次元との乖離性が顕著になり、むしろ国家による仏教統制策に反する異端的な実態として理解しやすくなる。これにより、『霊異記』の世界は、専ら反国家仏教的なイメージになってしまうのである。

また、地域によっては、大陸文化との直接的な交流により、中央よりも早い段階で仏教が伝来し、独自の展開を見せていたことが、北陸の例を取り上げた研究(3)などによって指摘されている。その一方で、大仏造立に多くの知識が参加したように、律令国家による仏教政策の展開も地域社会や民間への仏教普及と連動するはずであるが、国家から社会への影響過程ないし相互関係は、漠然と理解されているにすぎず、自明のことであるためか、あまり具体的に描かれてこなかったように思われる。このことも、両極端な構図を強く印象づけてしまっているのではないかと考えられる。

ところが近年、中央の官大寺に所属する官僧が都鄙間を交通し、在地社会において営まれた法会に参加し、檀越や参集した人々を唱導していたことが明らかになってきた(4)。官僧は、鎮護国家という仏教政策の担い手であり、どちらかといえば国家仏教の枠組みに属する存在である。遊行僧や私度僧だけでなく、官僧をも在地社会における仏教伝播の媒介者として位置づけられるとすれば、古代社会における仏教受容の実態を、従来のように異端的なものとして説明することはできないであろう。

さらに、国家仏教を中心とした議論やその概念自体にも、古代仏教の実態にそぐわないとして否定的な見解が提起され始めている(5)。仏教が国家による支配装置として機能し、国家行政の様相を示すものであることからいえば、かかる議論ないし概念は一定の有効性を持つものと考えるが、国家仏教への議論の集中によって、社会的受容の実態や動向がそのアンチテーゼとして理解されてきたという点は、やはり否めない。このような現状からすれば、両極端な構図を前提とした、民間仏教に関する

『霊異記』を主とする従来の研究方法は、もはや限界に達しつつあるといえよう。勿論、これまでの『霊異記』研究には学ぶべき点も多く、かかる研究方法が不毛などとは全く考えていないが、新たな研究方法も模索していかなければならないのではなかろうか。

そこで重視したいのが、正倉院文書である。正倉院文書は、造東大寺司写経所において作成・集積・保管された事務帳簿群であるが、これを活用した研究が近年著しく進展しており、奈良時代に行われた多くの写経事業の具体像、さらには写経所の内部構造などに関する研究成果が、蓄積されてきている。これにより、多くの文書・帳簿の復原が進み、他の史料と同様に利用できる環境が整いつつあるだけでなく、写経所をはじめとする官営組織における人々の動向を正確かつ詳細に把握することも可能になってきたのである。

造東大寺司における諸々の事業が、律令国家の仏教行政の具体像を示すものである以上、上記のような成果は仏教史研究にも資するところが極めて大きい。しかしながら、正倉院文書研究は、本筋である写経所文書としての研究史がいまだ浅いためか、政治史・国家史あるいは教学史といった方面での飛躍的な進歩が見られる一方で、仏教の社会的受容に関する研究が手薄なのである。制度史・経済史・地域社会史などの方面で写経所官人のような存在が注目されてきたことも踏まえると、古代社会における仏教受容の問題を考える上でも、彼らの動向は決して見過ごすことができないのである。

本書でも述べるように、写経所に勤務する人々は、主に中央官司の雑任である史生・舎人・使部および散位といった下級官人と、識字能力を有する白丁身分の者たちからなる。官人と民間人という違いこそあるが、社会的な存在形態はほぼ同様であったと思われ、在地社会における支配階級の氏族出身者が多かったようである。その点で、官僚機構と在地とを有機的に繋ぐ存在であったといえる。このような人々が仏教の民間伝播の媒介者となった可能性は、十分な検討はなされていないものの、井上薫氏も早くに指摘されている(6)。したがって、国家的仏教信仰が社会へ影響していく実態は、彼らの存在に注目することによって、より具体化できるものと考えるのである。

第二節　本書の構成

写経所官人の存在が、古代社会における仏教受容の媒介者として重要であるとすれば、その受容過程を具体化するためには、どのような方法が有益であろうか。

鈴木景二氏は、官僧が都鄙間を交通する背景として、官僧―在地の衆僧―在地富豪という人的な繋がりを想定されている。また近年では、地方における寺院間の相互交流の実態解明を提起する意見もある(7)。しかし写経所官人の場合、他氏族の出仕者や官僧と接触する機会を多く持っていたと考えられ、彼らが私的法会に際して用度物や僧尼の読経・講説を要請する際には、その人脈を活用したことが想像される。第一章で述べるように、その実例と思われるやりとりを行っている者も確認できる。すると、中央における官人社会の構造や僧俗交流の実態を検討する必要が生じてこよう。

また従来の研究では、寺院・仏堂建立など在地社会における仏教活動の主体者を、元来仏教への造詣が深い渡来系氏族であるとすることが多い(8)。しかしこうした見方は、在地に基盤を有する人々が如何にして仏教に関する知識・技術を獲得し得たのかという問題を、安易に片づけてしまっている憾みがある。越前国医師従八位上の六人部東人が勝宝七歳（七五五）に行った写経(9)のように、地方出身者が中央の先進的な技術・文化に依拠しつつ在地で活動できたのは、中央における人的交流や経験があったからに他ならない。そして、写経所官人の存在を重視するならば、彼らは写経所で単に写経作業を行っていただけではなく、さまざまな形で仏教と接触する機会を持っていたと考えられる。したがって、彼らの中央での動向に注目し、人的交流の問題とともに、仏教との関わり方の多様性を検討することが、さしずめ重要な方法であると考える。

これらのことから本書では、官人社会と仏教という問題に注目し、その実態的な側面を、造東大寺司をめぐる人間関係や仏教儀礼という視点に絞って検討していく。

第一章では、写経所官人が行った私的仏事の実態を明らかにし、それらが、奈良時代から平安初期における仏教の社会的受容過程の一端を示す実例として、重要な位置づけになることを指摘する。さらに、写経所官人の社会的存在形態にも留意し、古代仏教の受容過程における彼らの存在意義を明確にする。いわば、第二章以降で官人社会と仏教という問題を具体的に論じるための布石である。

第二章では、正倉院文書中の「阿弥陀悔過知識交名」を分析することを通じて、この知識結に参加した人々の結集過程を明らかにし、造東大寺司における官人社会の性格を総体的に把握することを試みる。そして、宝字二年（七五八）に行われた知識大般若経との比較も踏まえた上で、造東大寺司における官人社会の特徴とその意義を検討し、かかる官人社会が果たした社会的な役割を指摘する。

第三章では、仏典の書写作業という仕事柄、写経所が僧界との交流がとりわけ多い組織であることに着目し、実務的な面から官営組織における僧俗関係の発展過程を具体化する。造石山寺所では、頻繁に実務上の直接的なやりとりが行われ、それによる僧俗間の親密化が窺えるが、写経所でも同様のことがいえるのかどうかを検討し、造寺官司としての社会的な意義を僧俗関係という視点から追究する。

第四章では、写経所官人が有する仏教との関わり方の多様性を浮き彫りにする一環として、造東大寺司における法会事業の問題を検討する。その素材として、宝字四年の随求壇所事業と宝字八年の上山寺・吉祥悔過所事業を取り上げ、それぞれの事業内容や運営状況を明らかにし、両者を比較しながら造東大寺司における法会事業の運営実態のあり方と仏教行政の諸相、さらに当時の仏教行政全体における造東大寺司の重要性を明確にする。

第五章は、写経所の上日帳や食口案に見える「供奉礼仏」という業務内容の実態について検討する。方法としては、かかる記載が見られる史料の性格と記載されることの意味を明らかにし、写経所で行われた多様な業務の中での位置づけを浮き彫りにすることで、「供奉礼仏」が如何なる業務であったのかをできる限り推測していく。これによって、写経所官人の多くが仏教儀礼に関わった事実とその意義を論じる。

終章では、官人社会と仏教という問題が、都市社会という視角から古代における仏教の受容・伝播の様相を考えるための大きな指標になることを示し、新たな展望として、仏教史研究において古代都市論の視角を援用し得る可能性を提起する。

なお、本書でいう官人社会とは、官司機構の組織的な縦割り構造やそれに規制される公的秩序を指すのではなく、官司機構を媒介として形成される人々の交流や結びつきといった、いわば横の繋がりを意味するものとして用いる。このため、正式な官人ではない民間人も含まれていることが多く、白丁身分の者であっても、写経所官人ないし単に官人という場合があることをお断りしておく。

註

（1）二葉憲香『古代仏教思想史研究——日本古代における律令仏教及び反律令仏教の研究——』（永田文昌堂、一九六二年）、中井真孝『日本古代の仏教と民衆』（評論社、一九七三年）、薗田香融「国家仏教と社会生活」（『岩波講座日本歴史4　古代4』岩波書店、一九七六年）、吉田一彦「古代の私度僧について」（同『日本古代社会と仏教』吉川弘文館、一九九五年、初出一九八七年）、宮瀧交二「日本古代の民衆と「村堂」」（野田嶺志編『村のなかの古代史』岩田書院、二〇〇〇年）など。

（2）代表的なものとして、二葉憲香『古代仏教思想史研究』（註1前掲）、井上光貞『日本古代の国家と仏教』（岩波書店、一九七一年）、薗田香融「国家仏教と社会生活」（註1前掲）、舟ヶ崎正孝『国家仏教変容過程の研究——官僧体制史上からの考察——』（雄山閣出版、一九八五年）、本郷真紹『律令国家仏教の研究』（法藏館、二〇〇五年）、中林隆之『日本古代国家の仏教編成』（塙書房、二〇〇七年）などがある。

（3）下出積與「私伝仏教と越」（同『日本古代の仏教と神祇』吉川弘文館、一九九七年、初出一九九三年）、本郷真紹「古代北陸の宗教文化と交流」（同『律令国家仏教の研究』註1前掲）など。

（4）鈴木景二「都鄙間交通と在地秩序——奈良・平安初期の仏教を素材として——」（『日本史研究』三七九号、一九九四年）。

（5）吉田一彦「国家仏教論批判」（同『日本古代社会と仏教』吉川弘文館、一九九五年）。これについての批評は、藤本誠「『日本霊異記』における仏教施設と在地仏教」（『史学』七二巻一号、二〇〇三年）を参照。

（6）井上薫『奈良朝仏教史の研究』（吉川弘文館、一九六六年）五六三頁。

（7）川尻秋生「寺院と知識」（上原真人他編『列島の古代史〈ひと・もの・こと〉3　社会集団と政治組織』岩波書店、二〇〇五年）、三舟隆之「『日本霊異記』地方関係説話形成の背景——備後国を例として——」（『日本歴史』七五八号、二〇一一年)、同「『日本霊異記』地獄冥界説話の形成――讃岐国の説話を中心として――」(『続日本紀研究』三九五号、二〇一一年)など。

(8) 例えば、井上薫「仏教の浸透」(竹内理三編『古代の日本第一巻 要説』角川書店、一九七一年)など。

(9) 根津美術館蔵『大唐内典録』巻一〇(奈良国立博物館編集・発行『奈良朝写経』一九八三年)、佐久間竜「越前国医師六人部東人について」(同『日本古代僧伝の研究』吉川弘文館、一九八三年、初出一九七八年)を参照。

第一章　写経所官人と仏教

はじめに

造東大寺司管下の写経所には、多くの写経生が出仕していた。彼らの多くは中央官司の雑任や散位であり、職事官クラスとは一線を画する下級官人である[1]。この他にも、民間からの出仕者が少なからず存在した。ただ、下級官人と民間人といっても、両者の多くは中央・畿内出身の豪族層や識字能力のある有力農民・都市住民であり、その階層や本貫地は類似した存在であったと思われる。

写経生に関する問題は、その日常生活の実情や存在形態などについて、さまざまな角度から研究が進められている。例えば、写経所の休暇申請書類である請暇解や出挙銭の借用願である月借銭解などの分析により、労働環境、農業との関係、経済事情、都市への定住化などの実態が明らかにされている[2]。また、写経生の出仕状況、官位の変遷状況などの分析からは、官人の昇進方式や農民の官人化に関する見解が出されており、律令制下における官位制度の問題についても議論されている[3]。このように写経生は、奈良時代における制度史・経済史・都城史・地域社会史など、多方面に及んでその存在意義が指摘されているのである。

しかし、これらの研究には、信仰面に着目したものがあまり見られない。請暇解に見える祭祀や仏事の事例が別の視角から取り上げられることはあるが、仏事の事例を総体的に扱った蓑輪顕量氏の論考を除くと、他はわずかに触れられる程度であり、とりわけ写経生の存在を重視して論じられることはほとんどないと思われる(4)。近年の正倉院文書研究においても、思想・教学面において飛躍的な進歩が見られる一方で、個別写経や法会などの各事業の政治史・国家史的位置づけが論点となる傾向にある。そのため、写経生に関する研究との連携は不十分であり、彼らと仏教との関わりについて言及されることがないのが現状である。

写経生と仏教という問題を取り上げることは、都市住民や畿内地域社会における仏教受容の諸相と特質を浮き彫りにすることができる有益な方法である。このような問題意識から、本章では、写経生の仏事と信仰から窺える、古代社会における仏教受容について考察する。そして、写経生の存在形態にも留意した上で、古代仏教史研究における彼らの存在意義を指摘したい。

なお、写経生という場合には、主に経師・装潢・校生のことを指すが、本章ではそれ以外の事務官人も扱うため、便宜上一括して写経所官人と呼ぶことにする。

第一節　写経所官人の私的仏事

1　請暇解に見る仏事と信仰

表1は、請暇解の中で私的な仏事が確認できるものを日付順に一覧表示したものである。[5] 全一九例のうち、「斎食」とある例（No.2〜7・9・10・12〜14・16）が最も多く、写経所官人の主要な仏事となっている。これ以外に、「御油」（No.1・11）や「御灯」（No.19）を奉るべきによって請暇している事例があり、灯明を奉献することを意味するとみられ、寺院に参詣するものと考えられる。[6] さらに、「奉知識悔過」（No.17）の事例は、悔過法会のために知識として参加しているものと考えられる。この他、「三宝為供養」（No.15）や「私経奉写」（No.18）など、仏事への奉仕や私的写経と思われる事例がある。

写経所官人に多く見られる斎食とは、主に死者を弔うための仏事のようである。No.2の巾引諸直は、親族者かは不明であるが、以前より病める者が二月九日に亡くなったので十五日に一七日の斎食を行うと記し、No.12の音太部野上も、伯父の死去により初七日の斎食をしたいと記している。No.9の三嶋県主百兄の場合は、二月二十三日に五箇日を請暇しており、去年の二月二十七日死亡の息子のための斎食をしたいとあるので、息子の一周忌の仏事であることが分かる。No.5の韓国毛人とNo.7の韓国千村は、親母または祖母の服闋の斎食を理由に請暇している。請暇解の日付と日数からすると、二人の

表1　請暇解に見える仏事

No.	人名	日数	内容	日付	出典
1	粟田君足	不明	以今月廿七日、依可奉御油期日不参向、但廿七日御油奉畢者、以廿八日将参向	宝字二年（七五八）九月二十五日	続々修四五ノ二裏、一四ノ一七八
2	巾引諸直	不明	前日病者、以今月九日望黄泉矣、以此望請者、至十五日一七日斎食脩訖而、十六日参向奉仕	宝字四年二月十四日	続修四六、四ノ四〇八
3	高橋息嶋	三日	以当月廿四日、私可斎食為	宝字四年十月二十二日	続修二〇、四ノ四四五
4	巨勢村国	三日	依私斎食設	宝字四年十二月十三日	続修二〇、四ノ四五八
5	韓国毛人	五日	縁親母服関斎食	宝字五年正月十九日	続々修三ノ四裏、四ノ四八七
6	小治田弟成	三日	以今月廿三日斎食可為	（宝字五年）正月二十日	続々修三ノ四裏、一五ノ九〇
7	韓国千村	三日	縁祖母服関(闕)斎食	宝字五年正月二十一日	続々修三ノ四裏、一五ノ九一
8	三尾子牛甘	二日	為私祖母欲斎会	宝字五年二月二十一日	続々修三ノ四裏、一五ノ一〇〇
9	三嶋県主百兄	五日	以去年二月廿七日、百兄男死亡、欲為斎食	宝字五年二月二十三日	続々修三ノ四裏、四ノ四九四

10	長江田越麻呂	三日	以今月十六日、縁応斎食	景雲四年（七七〇）七月十四日	続々修三九ノ一裏、一七ノ五七〇～五七一
11	占部忍男	二日	依芹御油可奉	宝亀元年（七七〇）十一月七日	続々修三九ノ一裏、一七ノ五五七～五五八
12	音太部野上	七日	以去正月廿七日、野上之伯音太部子虫死去、為此之七日斎食	宝亀二年二月二日	続々修三九ノ二裏、一七ノ六〇四
13	丸部大人	十四日	以今月十日寅時、己男死去、為斎食	宝亀二年二月十日	続々修三九ノ二裏、一七ノ六〇三
14	安宿広成	十日	為私斎食	宝亀二年二月十四日	続々修三九ノ二裏、一七ノ六〇二～六〇三
15	若倭部益国	二日	以今月七日、三宝為供養	宝亀二年三月五日	続々修三九ノ二裏、一七ノ五九八～五九九
16	土師守山	四日	以当月十四日、為斎食	宝亀二年三月十日	続々修三九ノ二裏、一七ノ五九五
17	物部道成	三日	為奉知識悔過	宝亀二年閏三月六日	続々修三九ノ二裏、一七ノ五八八
18	荊国足	不明	縁私経奉写、比日之間怠侍、纔以八月廿日写了、参向為間、以同日午時国足妻之兄死去告来、以是不得忍棄、山代退下	宝亀三年八月二十一日	続々修三九ノ四裏、二〇ノ五四～五五
19	物部道成	六日	為奉御灯	宝亀三年九月一日	続修二〇、六ノ三九六

斎食は同日で供養の対象も同一人とみられ、千村は毛人の子か甥のようである。服闋とは、忌明けのことを指すが、仏事供養を伴う忌日である点から見て、七七の中陰か周忌であると考えてよい。[7]また、№13の丸部大人は、二月十日寅時に息子が死去し、同日に十四箇日を請暇しており、これも亡き親族への追善のために仏事を営んでいることが分かる。

なお、単に斎食としか見えない例にも、追善仏事の場合があったはずである。№8の「斎会」とあるのも、同様の仏事形態を指すと思われ、斎食の例と合わせると二三例になる。また、請暇解には、上記したもの以外にも親族の死を理由に請暇している場合が数例存在する。それらには、宗教的営為に関する記載は見られないが、仏事を伴う場合があったと考えることは可能である。このようなケースを含めると、写経所官人の主要な仏事は、斎食・斎会という形態であり、死者供養に伴う場合が多かったと考えられるのである。そして、追善供養を七日毎の中陰や周忌に営むという慣行が写経所官人の間に浸透しつつあったことも分かり、興味深い。『日本霊異記』（以下、『霊異記』と略記）には、亡き親族のために初七日や七七日に斎食を行ったという説話が数例見えるが、[8]これらの説話が古代社会における追善仏事の受容の実態を反映したものであると想定すると、請暇解に見える写経所官人の仏事がその実例として重要になるのである。在来の死者供養と仏教の思想や様式が結びつくことは、比較的早い段階での現象であったとみられるが、写経所官人による私的な斎食・斎会からその受容過程を読み取ることができそうである。

2　斎食と僧尼屈請

斎食とは、僧尼が常時護持すべき斎戒の一つである不過中食（午後以降に食事をとらないこと）を意味し[9]、また、俗人が僧尼に供する食事をもいう[10]。僧尼の戒の中で最も中心的なものが不過中食であったため、これを斎といい、僧尼へ食事を供する行為ないしその食事をもいうようになり、そしてこれを行う法会を「斎会」と称するのであるという[11]。

古代の文献で「斎食」とある事例を見ると、僧尼が食事をとることやその食事を意味する場合が確かに多い[12]。しかし、写経所官人の例を見ると、表1№4の巨勢村国の場合には「斎食設」とあり、「設く」と表現しており、№8の三尾子牛甘の場合には「斎会」と記している。これらを考慮すると、請暇解に見える斎食は、斎会と同様に法会を意味していると考えるのが無難である[13]。

例えば、『日本書紀』敏達天皇十三年（五八四）是歳条[14]を見ると、蘇我馬子が仏法に帰依し、三人の尼僧を屈請して設斎したという記事がある。

乃以二三尼一、付二氷田直与達等一、令レ供二衣食一。経二営仏殿於宅東方一、安二置弥勒石像一。屈二請三尼一、大会設斎。此時、達等得二仏舎利於斎食上一。即以二舎利一、献二於馬子宿禰一。

これによると、法会において司馬達等が斎食の上に仏舎利を得たので馬子に献じた、とあり、法会において供された食事を「斎食」と記しているのである。この場合、三人の尼僧へ「衣食を供せしむ」とあることから、尼僧へ供養した食事を斎食と呼んでいることが分かる。また、『霊異記』下ノ四の説話には、ある男が国司として赴任する途中、同行していた舅の僧を海で溺れさせ、男は任地で舅の僧のために法会を設けたが、仏力によって溺死を免れた僧がその法会に現れ、衆僧とともに男から供養を受けた、とある。ここでは、死者供養のための法会を、「斎食を備けて三宝に供う(15)」と記しており、僧が「其の供養を受く」とあるのを見ると、法会において衆僧へ食を供していることが分かる。すると、僧尼への食事供養を伴う法会を斎食といったものと解せられるのである。時期が下るが、『貞信公記抄』延長二年（九二四）正月十三日条に「請基継律師、令斎食」とあり、同四年正月十三日条にも「請令乾・仁斅、令斎食(16)」とあるのを見ると、やはり僧尼を屈請して行う法会のことを斎食といったようである。

さらに、正倉院文書には請暇解の他にも、写経所官人による私的な斎食・斎会の内実を窺わせる文書が三点残っており、これらからも、僧尼供養を伴う法会であると想定することが可能である。

【史料一】「養徳三勝状」（続々修二三ノ四裏、九ノ三六四）

□経一巻　料麻紙廿張　布施曝布一端
右、以月廿八日、為儲服関(関)斎会、当(17)
此日講説件経、望乞、以今明日内、
令写欲請、但軸幷綺者、求儲里
中侍、頓首、
天平十九年四月廿六日三勝状

【史料二】「下道主啓」（続々修四〇ノ五裏、一六ノ一七一）

謹頓首啓

請好醬三四升許
右、以今日、私所可斎食、望請垂恩余、附欲
所願成熟、仍附鴨部、謹頓首啓、
六年閏十二月十四日下道主謹状
謹上　広万呂尊

【史料三】和雄弓啓（続修四七、五ノ三三一～三三二）

主奴左京下生和雄弓誠恐誠惶謹啓
願供奉経所事
右雄弓、頃者聊有私願、数旬之間、可為斎
食、伏願幸垂殊恩、預書者例、則生活
得便、私願亦果、但恐曽無犬馬之
仕、頻蒙庇蔭、不勝仰望之至、軽驚
龍門、死罪死罪頓首頓首、謹啓、
天平宝字六年潤十二月九日

史料一によると、養徳三勝が服闋斎会を設けて講説すべきために、経典一巻分の料紙と布施布を料物として送り、書写を依頼している。冒頭に記載された経典名が欠損のため不明であるが、服闋とあるので、忌明け（これも中陰か周忌であろう）に死者追福のための法事を行うことが分かる。そして、この斎会では講説するとあり、僧尼の屈請を推測させるのである。また、三勝はウヂ名から見て大和

国の豪族層と思われ、状に「但し軸幷に綺は、里中に求め儲け侍る」とあることから、京周辺地域の農村に本拠を持ち、そこで経典の装丁作業を行うつもりであったらしい。ここでは経一巻のみであるから、一巻分の軸と綺だけなら地元で調達できるということであろう。このように三勝は、写経や僧尼による読経・講説を死者供養の斎会として私的に行っていると考えられるのである。

史料二では、下道主がよき醬三、四升ばかりを請うており、「今日をもって私に斎食すべき」とある。この斎食の願意は不明であるが、一日の斎食としており、醬はその供養料として用いるようである。ただ、一日に必要な醬としては、量が大変多いのである(18)。するとこの場合、衆僧が会集して行われた法会であると想定される。また、史料一の養徳三勝と同様に、官営機関である写経所で私的な営為のために融通してくれるよう要請している点も興味深い。物資を他者に求めるなどの私的やりとりは、史料として残ることが少ないものの、写経所官人同士の間で頻繁に行われていたようである。

史料三の場合、和雄弓が数旬の間斎食すべきとの私願により、写経所への供奉を請うている。「数旬の間」とあるように、長期間の斎食のようである。ただ雄弓の場合、斎食のために休暇でなく出仕を請うている点が不可解なのである。井上薫氏は、写経所で支給される食事が僧尼と同様のものであることから、雄弓の斎食とは写経所での食生活によって身を清浄にすることを指すものとされる(19)。するとこの場合、在俗者自身の斎戒自制を意味することになる。しかし、「書する者の例に預かれば、則ち生活便を得、私願亦果つ」の記載からすると、斎食に必要な資財を稼ぐのが本意ではなかろうか。井上氏の解釈であれば、写経所での精進生活が目的となるから、「生活便を得」の文言は不要となる。斎戒自制する者が、経済的利潤を求めるような文言まで記したとは考えにくく、私願成就のためになぜ写経所への供奉が必要なのかという理由を述べていると解する方が、文意から見て自然であると思う。このように考えると、僧尼への供養や布施のための費用を工面するために、写経所へ出仕することを願ったものと理解することができる。また、『霊異記』中ノ六によると、聖武天皇の御代に山背国相楽郡の発願者が、四恩に報いんが為に『法華経』を奉写し、衆僧を屈請して三七日間悔過したとある。この説話からすると、一月近くの日数を費やして衆僧を招き、私的法会を行う者が存在したことが窺え、雄弓はその実例として捉えることができる。一定の期間中に行う法会であるから、余計に経費が必要であったのであろう。

このように、この三人の写経所官人による斎食・斎会には、僧尼が屈請されていたと推測することができそうである。そしてこのことは、次の史料からも傍証することができる。

【史料四】『日本後紀』大同元年（八〇六）六月癸卯（十一）条[20]

律師永忠言。伏見二公私斎會（ママ）一。預先備擬レ造レ食。或炎夏盛熱。鬱爛醭生。或正冬厳寒。熱羹凍陵。遠近馳逐。糜二費資財一。飲食麁悪。不レ堪レ入レ口。元擬レ招レ福。反致二譏嫌一。伏請自今以後。一依二本教一。均平行レ食。施者心行平等。受者少レ欲知レ足。又仏法本意。深信粛清。設レ斎之日。必須二飲食豊濃一。不レ得二軽尠不足一。亦請頒二示天下一。暁二喩百姓一者。許レ之。

この永忠の奏では、公私斎会における供養の食事が事前に用意されるため、夏はカビが生え冬は凍結し、粗悪で口に入れるに堪えられないのでこれを改善してほしい、とある。また、斎会における飲食は豊濃にすべきであり、これを百姓へ暁諭してほしいという。これによると、私的な斎会にも僧尼が頻りに参加し、そこで食事が供養されていたことが分かるのである。私的な斎会とは如何なる階層によるものか詳らかでないが、百姓へも暁諭することからすると、より広い階層にまでこの種の仏事が行われていたと考えられる。また、「遠近馳逐して資財を糜費す」という文言から窺えるように、法会を催すにあたって、供養料を多方面から調達し、資財を多く費やす主催者が少なくなかったようである。このことは、史料二で下道主が醤を三、四升ばかり求める姿や、史料三で和雄弓が供養料等のための費用を稼ごうとする様子ともよく一致する。

斎食とは記されないものの、史料四は私的法会における食事供養の実態を如実に示している。『類聚三代格』巻三「僧尼禁忌事」に所載される延暦四年（七八五）五月二十五日の官符によると、「今見二衆僧一多乖二法旨一。或私定二檀越一出二入閭巷一」(21)とあり、衆僧が私に檀越を定め、その求めに応じて民間に出入りしていたことが分かる。官僧による都鄙間の交通や在家への出入りについては、近年夙に指摘されているところであるが(22)、史料四と合わせて考えるならば、食事供養を伴う私的法会に僧尼が頻繁に屈請されていたことは、疑う余地がない。広い階層において行われていた私的法会では、僧尼が主催者によって屈請され、読経・講説などを行い、布施や食事供養＝斎食を受けていたのである。このような平安初期における社会的実態は、奈良時代にもほぼ該当すると考えてよい。奈良時代にこのような仏事の形態が社会に徐々に受容されていくことによって、平安初期には社会問題とされるほど公私において頻繁に行われるようになっていたのである。したがって、写経所官人が行ったという斎食とは、僧尼が屈請され、布施・供養を受ける法会を意味するものであったと考えてよかろう。

第二節　追善法会と古代社会

ここまで、写経所官人が営んだ私的な斎食の実態的側面について見てきた。それは、僧尼供養を伴う法会であったと考えられるが、このような私的仏事が写経所官人の間で最も多く見られることを考慮すると、このことが歴史的ないし社会的に重要な意義を持つものであったと想定される。次に、この点について言及する。

1　追善法会の受容

先述したように、写経所官人の私的法会には初七日や一周忌の事例がいくつか見られ、中陰・周忌の思想が浸透しつつあったことが窺える。このことは、死者供養を通じて仏教の思想・様式が受容されていく様子を示している。

表2は、七世紀末～八世紀における王権・国家による忌日斎の事例を一覧したものである。これを概観すると、中陰・周忌としては、天武天皇の一周忌斎が初見であり、これ以降、天皇や皇后の追善法会を中陰・周忌の設斎として行うことが恒例化したことが分かる。また、この時期には、国忌の設置記事がいくつか見られ、国忌に入れられた例については毎年の忌日に斎会が行われたと考えられる。国忌の初見記事が天武一周忌であることからすると、遅くとも持統朝に中国の国忌制度が輸入され、中陰・周忌という忌日観念もほぼ同時期に受容されたと思われる(23)。

表2　七世紀末～八世紀における忌日斎

名	忌日	種類	設斎日	出典
天武天皇	朱鳥元年（六八六）九月九日	百ヵ日	朱鳥元年十二月十九日	日本書紀
		一周忌	持統元年九月九日	同右
		七周忌	持統七年九月十日	同右
持統天皇	大宝二年（七〇二）十二月二十二日	二七	大宝三年正月五日	続日本紀
		七七	大宝三年二月十一日	同右
		百ヵ日	大宝三年四月二日	同右
		七百ヵ日	慶雲元年十一月十一日	同右
文武天皇	慶雲四年（七〇七）六月十五日	一～七七		同右（慶雲四年六月壬午条）
元明天皇	養老五年（七二一）十二月七日	一周忌		同右（養老六年十一月丙戌条）
元正天皇	天平二十年（七四八）四月二十一日	一七	天平二十年四月二十七日	同右
		二～七七		同右（天平二十年四月丙寅、五月丁丑条）
		一周忌		大日古三ノ二一五
藤原宮子（文武夫人）	勝宝六年（七五四）七月十九日	三七		遠藤慶太「中宮の追福——藤原宮子のための写経と斎会——」（『正倉院文書研究』7、二〇〇一年）を参照
		七七		
		一周忌		

聖武天皇	勝宝八年（七五六）五月二日	一七	勝宝八年五月八日	続日本紀
		二七	勝宝八年五月十五日	同右
		三七	勝宝八年五月二十二日	同右
		五七	勝宝八年六月四日	同右
		六七	勝宝八年六月十四日	同右
		七七	勝宝八年六月二十一日	同右
		一周忌	宝字元年五月二日	同右
光明子（聖武皇后）	宝字四年（七六〇）六月七日	七七	宝字四年七月二十六日	同右
		一周忌	宝字五年六月七日	同右
称徳天皇	宝亀元年（七七〇）八月四日	一七	宝亀元年八月八日	同右
		二七	宝亀元年八月十六日	同右
		三七	宝亀元年八月二十三日	同右
		四七	宝亀元年八月三十日	同右
		五七	宝亀元年九月七日	同右
		六七	宝亀元年九月十四日	同右
		七七	宝亀元年九月二十二日	同右
		一周忌	宝亀二年八月四日	同右
		三周忌		同右（宝亀四年七月庚子条）

光仁天皇	天応元年（七八一）十二月二十三日	一七	天応元年十二月二十九日	同右
		二～七七		同右（天応元年十二月癸丑条）
		一周忌		同右（延暦元年十二月壬子条）
高野新笠（桓武母）	延暦八年（七八九）十二月二十八日	一～七七		同右（延暦八年十二月丙申条）
		一周忌	延暦九年十二月二十八日	同右
藤原乙牟漏（桓武皇后）	延暦九年（七九〇）閏三月十日	一周忌		同右（延暦十年六月壬辰条）

・表に掲げた事例は、追善のための設斎が確認および推測できるものである。ただし、国忌の設置記事は割愛した。
・天武の七周忌、聖武の五七、称徳の一七～六七は、設斎日が実際の忌日と計算が合わないが、出典の記載に従った。
・設斎日を記していないもの（当日に設斎が確認できないもの）は、出典欄の典拠を参照されたい。

なお、天武の場合に百ヵ日斎と七周忌斎が、持統の場合に百ヵ日斎と七百ヵ日斎が行われているが、これらは中陰や周忌斎のように恒例となった形跡がない(24)。おそらく、中陰のような思想的根拠がなく、国忌のように中国に倣うべき制度もなかったために、定着しなかったのであろう(25)。すると、七世紀末～八世紀の日本では、仏典に見られる七日ごとの中陰と、国忌の制による年々の周忌が、王権・国家によって重んじられた忌日斎であったといえる。

さて、中陰や周忌に追善法会を行うのは、天皇や皇后に限らず広い層にまで受容されていくのであるが、それは次の史料によって窺うことができる。

【史料五】『日本後紀』延暦十八年（七九九）二月乙未（二十一）条

贈正三位行民部卿兼造宮大夫美作備前国造和気朝臣清麻呂薨。（中略）与二弟卿一約期云。諸七及服闋之日。勿レ労二追福一。唯与二二三行者一。坐二静室一。事二礼懺一耳。後世子孫。仰二吾二人一。以為二法則一。（後略）

【史料六】『日本後紀』大同元年（八〇六）六月辛亥（十九）条

辛亥。制。頃年追孝之徒。心存二哀慕一。事務二豊厚一。眩二人耳目一。各競求レ名。至二於貧者一。或売二却田宅一。還滅二家途一。凡功徳之道。信心為レ本。因二物多少一。寧有二軽重一。宜二誦経布施一者。親王。一品商布五百段已下。二品三百段已下。三品四品各二百段已下。諸王諸臣。一位五百段已下。二位三百段已下。三位二百段已下。四位一百段已下。五位五十段已下。六位已下卅段已下。宜下依二件差一。莫上レ令二相超一。又世俗之間。毎レ至二七日一。好事修レ福。既無二紀極一。為レ弊不レ少。宜二三七日。若七七日。一度施捨一。其非二商布一者。亦宜レ准二此数一。

史料五は、和気清麻呂の卒伝記事に見える清麻呂と姉の広虫（法名法均）との誓いの内容である。そこには、諸七日と服闋の追福に労する必要はなく、二、三人の行者と厳粛に礼拝・懺悔をするだけでよい、という旨が、後世の子孫への戒めとして見える。これによると、清麻呂と広虫は、追善において時間や財産を浪費することを懸念しているものとみられる。すると、八世紀末には、中陰・服闋に死者供養する慣行が貴族層にも広く受容されていたことが窺われる。そして、中陰の追善法会において、礼拝・懺悔のような粛然とした作善行為でなく、多くの僧尼を屈請して奢侈に供養を行うなど、資財を費やす俗的方法によって追福・報恩しようとする者が多くいたことも見出せる。

さらに史料六によると、「追孝之徒」すなわち亡親を弔う者には、盛大に供養をすることによって人の評判を求め、中には田宅を売却してまで布施の糧にする者がいるとして、親王や王・臣の一位から六位以下までの誦経布施額を規定している。その後半部分には、世俗の間に営まれている諸七斎は弊を為すことが少なくないので、三七日か七七日の何れかに一度斎を設けて施捨すべきである、とも制されている。史料五と同様に、多くの資財を投入して豪奢な追善法会を行う者が横行し、社会的弊害が懸念されるまでになっていたことが分かるのである。このような社会的問題への危惧は、公私斎会における食事の問題や僧尼による民間への出入りの問題が露呈してくることと、ほぼ軌を一にしている。先に見た史料四で「遠近馳逐して資財を糜費す」と記された状況は、多くの僧尼を招いて布施や食事供養に財を投じ、豪奢な追善法会を営む「追孝之徒」のことを指しているのであろう。

時代は下るが、三善清行の「意見十二箇条」の「請レ禁二奢修一事」(26)にも、同様の実態が窺える。また、中陰の思想は窺えないが、『類聚三代格』巻一九「禁制事」所収の延暦十一年(七九二)七月二十七日付太政官符には、「応レ禁三断両京僭二奢喪儀一事」として、喪葬儀礼の際に「隊伍」を結び「幡鐘」を設けるなどの僭奢な有り様を禁制する旨が見える。「幡鐘」とは、おそらく「幢幡」に同じで、仏教的荘厳具とみられるので、ここでいう喪葬儀礼は主に仏教的な様式によるものを念頭に置いていると考えられる。この禁制が、延暦十一年という史料六の大同年間より少し早い時期に左右両京(この時期は長岡京)を対象として出されているということから、仏教様式が皇族・貴族層から中級・下級官人層を中心とした都市住民の間へ、そして次第に畿内・地方の在地社会へと仏教が受容されていったことが窺えよう。

中陰の追善供養は、八世紀の初め頃には天皇や皇后に限定され、国家的に行われていたが、奈良時代を通じて次第に親王・諸王・諸臣による私的な追善供養にもその忌日観念が取り入れられていった。平安初期頃には、中・下級官人層や民間においてもかなり浸透していたようである。そして、史料五・六では、布施のために資財を多く費やすことと、七日ごとに法会を設けて時間を浪費することが、同時に問題とされている。『続日本紀』に見える設斎記事では、元明の一周忌や聖武の五七・七七・一周忌に、多くの僧尼を屈請したことが明記されており、国家的追善法会の隆盛ぶりが窺える。写経所官人に中陰・周忌の斎食の事例が見られることも踏まえると、王権・国家によって重んじられた忌日観念とともに、死者追善における僧尼供養＝斎食も広く受容されていったと考えられる。死霊救済を目的とする僧尼への食事供養としては、盂蘭盆会が著名であるが[27]、奈良時代の俗社会に盂蘭盆会が浸透していた形跡はない[28]。すると、中陰・周忌の観念や僧尼への布施・供養という形態が、死者供養を通じて浸透していったところに、古代社会における仏教受容の特質があるといえる。

2　『東大寺諷誦文稿』に見る法会の性格

「追孝之徒」が営む豪奢な法会の内実については不明な点が多いが、『東大寺諷誦文稿』によってある程度は窺うことができる。『東大寺諷誦文稿』（以下、『諷誦文稿』と略記。引用は括弧に行数を記す）は、平安初期の天長年間頃に成立した、おそらく東大寺に所属した官僧が筆記したと思われる史料である。詳しい書誌情報等については国文学の研究成果に譲るが[29]、文中には、「此某会初所以《由》世人所穢塵労為難行法而初事ワサナリ」（78）、「某甲《卑下言》依来牒旨雖預《参》法筵」（286）などの文言や、頻りに「旦（檀）主」という文言が見えることから、檀越の招請によって法会で唱える表白・講説の雛形ないし手控えを筆録したものと考えられる。鈴木景二氏(30)は、この『諷誦文稿』と『霊異記』を使用し、古代社会における僧尼の都鄙間交通の実態や在地富豪層による私的法会の性格について重要な指摘をされた。

僧尼が民間の私的法会へ頻繁に出入りし、供養・布施を受けるという実態は上記したが、このような実態は、鈴木氏が指摘された『諷誦文稿』に見られる僧尼の都鄙間交通の様子と符合する。すると、『諷誦文稿』の表白・講説文は、これまで見てきたような古代社会における私的な追善法会において唱導されたものである可能性が高いのである。また、『諷誦文稿』は、父母の恩の尊さを強調する孝養思想が顕著である。古代社会において孝養の思想がどれほど浸透していたか定かでないが、追善供養において亡者の生前の恩恵に対する賛辞が述べられることは自然である。「父以某年月日長逝母氏以某年月日没逝」(118)などの文言からは、父母をはじめとする亡き親族の深き恩と仏教的善業によってそれに報いることの重要性を、『諷誦文稿』を筆録した僧尼が実際の法会で説いていたことが分かるのである。したがって、『諷誦文稿』に見える内容は、史料六に見える「追孝之徒」のような者に対する説法であると考えてよい。『諷誦文稿』に中陰や周忌といった忌日観念は窺えないが、忌日斎の表白・講説文として考えても矛盾しない。奈良～平安初期に民間において広く行われていた追善法会では、屈請された僧尼が檀主の求めに応じ、供養の対象(亡親など)の深き恩を崇敬し、作善行為による追福・報恩の方法を述べ、そして斎食供養や布施を受けていたのである。

そして、鈴木氏が指摘された重要な論点は、僧尼によって主催者である檀越の願意やその徳が讃えられると同時に、その土地の伝統に対する賛辞も述べられたとすることである。『諷誦文稿』には、「今此堂ハ名ヲ云某里名某甲郷此　何故云某郷然故本縁　何故云某堂然故本縁　此堂大旦(檀)主先祖建立本願」(279)と見えることから、地名起源説話・堂の縁起譚が説かれ、その土地や堂と檀越との結びつきが先祖以来のものであることが語られたことが分かるのである。そして、「大旦(檀)主之所仰《殿》徳皈《ヨル》仁之徒多依怙」(278)や「村里道俗モ同被二護念一増二長セム福寿一」(110〜111)とあるように、その法会が檀越の私的なものでも、檀越のもとには村人が集まり、村人の前で僧尼が唱導し、彼らにも自利利他の回向が施されるという。先に見た『霊異記』下ノ四でも、檀主のもとに自度僧を含む衆僧が会集しており、法会において多くの参列者が供養を受けているのである。鈴木氏は、これを「利他行の原理」と呼称し、この「利他行の原理」によって、檀越である有力富豪層が伝統的支配権と在地秩序を維持・再編していったと考えられたのである。

従来の研究では、在地社会において支配者的地位にある者が仏堂や氏寺を建立し、その建立や運営に共同体構成員が結縁することから、共同体秩序と富豪層による支配基盤の構築がなされたと考えられてきた。鈴木氏の研究は、「利他行の原理」という法会の性格から在地社会と仏教について言及された点で、奈良〜平安初期における仏教受容の実態に関する新たな視点を切り開いたものといえる。

このような法会の性格を、「追孝之徒」が競って豪奢な法会を営んでいたという実態と合わせて考えると、在地富豪層の中に、衆僧や村人など私的な追善法会に会集した人々へ施捨を行うために、多くの資財を投じる者がいたことが想像される。そして、写経所官人の私的な斎食・斎会にも、このような性格の法会を想定することは決して不可能ではない。写経所官人のすべてが在地富豪層であるとは判断し難いが、後述するように、京周辺や畿内における在地に本拠を持つ者は多くいたようである。とくに史料一の養徳三勝は、服闋の斎会を里中で営んだようであり、講説する経巻の書写を写経所に依頼する一方で、一巻分だけであるが軸・綺は里中で調達すると記している。すると、本拠地において何らかの形で結縁している者の存在が推測できるのである。その土地を特定することはできないが、結縁・会集した者の前で地名縁起説話などを含む表白がなされたのではなかろうか。もし、このような場合を他の写経所官人にも想定できるとすれば、古代社会における仏教の受容過程において、写経所官人の存在意義が明確になってくるであろう。

第三節　写経所官人の存在形態

はじめに述べたように、写経所官人の多くが京周辺や畿内の在地富豪層の出自であると考えられることは、すでに先学の指摘があるが、本稿で取り上げた写経所官人も同様に捉えてよいかどうか、確認しておく必要がある。ただ、写経所官人の官位や写経所での役職などは、他の史料によって知ることができる場合が多いが、彼らの本貫地が分かる場合は少なく、出自の問題とともに、推測に頼るほかない。

表3は、各写経所官人の姓、確認できる最終の官位、本貫地、『新撰姓氏録』（以下、『姓氏録』と略記）の情報などをまとめたものである。(31) これによると、彼らの中には、№11や№15のように、遠国に出自を持つ氏族で京内に居住していると思しき者もいたようである。しかし、やはり畿内諸国に出自を持つ氏族が目立っている。確認できる例は少ないが、№6の小治田弟成や№14の安宿広成が位子であったように、中央官人層や畿内豪族層の者が多かったと考えられる。このことからすると、従来の

指摘のように、京内・畿内豪族層の出自という範疇に漏れる者は少ないと考えられるのである。
多くの写経所官人は、具体的な居住地や本拠地などが判断できないのであるが、ある程度の推測が可能な者を取り上げ、若干の考察を加えておく。なお、史料一の養徳三勝については上記したのでここでは割愛する。

No.5韓国毛人

氏は辛国にも作る。氏姓や『姓氏録』の情報からすると、和摂方面の渡来系氏族であると考えて間違いない。官位は義部（刑部）省中解部、従六位上であり、解部は官位相当の規定を有する品官で、職事官と同等に位置する。他の写経所官人よりも官位が高いことから見ると、長年の出仕によって考選を積み重ねたようである。なお、本章第一節1で先述したように、No.7の千村は毛人の子か甥である。韓国連は写経所出仕者に何人か確認できることから、両者とも血縁的縁故によって出仕している可能性がある。

No.9三嶋県主百兄

名は百江にも作る。神護景雲三年（七六九）に三嶋宿禰に改姓しているので、『姓氏録』の段階では、右京神別（天神）の三嶋宿禰に該当することになる。しかし、天平宝字年間までは、三嶋県主が何人か摂津国嶋上郡に確認できるので、奈良時代においては嶋上郡に本拠を持つ氏族であったと考えられる。例えば、同族者とみられる三嶋県主子公という人物は、宝亀元年（七七〇）十一月に提出し

表3　各写経所官人の存在形態に関する諸情報（No.は表1に対応）

No.	人名	姓	官職	位階	本貫地	『姓氏録』の情報	その他
1	粟田君足	不明	散位	少初下	不明	右京皇別・山城神別に粟田朝臣が見える。	山城国愛宕郡に粟田朝臣氏・粟田忌寸氏が多く見られる。君足は請暇解を奈良河内に託して提出しており、奈良河内が左京の人であることから、君足も左京に居住していた可能性が高い。
2	巾引諸直	不明	不明	不明	不明	なし	
3	高橋息嶋	不明	白丁	／	不明	左京皇別・摂津皇別に高橋朝臣、右京神別・山城神別・河内神別（すべて天神）に高橋連が見える。	
4	巨勢村国	首	大舎人	少初上	不明	右京皇別に巨勢朝臣と巨勢斐太朝臣、右京皇別・大和国皇別に巨勢斐太臣が見える。	
5	韓国毛人	連	義部省中解部	従六上	不明	摂津国神別（天神）に物部韓国連、和泉国神別（天神）に韓国連が見える。	※本文参照。
6	小治田弟成	不明	散位	少初上	不明	右京皇別に小治田朝臣、左京神別（天神）に小治田宿禰、右京神別（天神）に小治田連が見える。	散位となる前は文部省（式部省）位子であった。
7	韓国千村	連	散位	正八上	不明	※No.5を参照。	
8	三尾子牛甘	不明	不明	不明	不明	なし	
9	三嶋県主百兄	県主	文部省書生	従八上	不明	左京皇別に三嶋真人、右京神別（天神）に三嶋宿禰が見える（景雲三年二月、三嶋県主は宿禰に改姓）。	※本文参照。
10	長江田越麻呂	臣	伊豆国史生	少初上	不明	なし	

11	占部忍男	不明	不明	不明	不明	なし	占部（卜部）氏は圧倒的に東国に多い。忍男は田部国守と連帯で左京九条三坊の板屋二間を質として月借銭を借りており、ここで同僚らと共同生活していたか。
12	音太部野上	不明	不明	不明	不明	右京皇別・大和国皇別に音太部が見える。	
13	丸部大人	不明	不明	不明	不明	左京皇別に和爾部、右京皇別・山城皇別・摂津皇別に和邇部が見える。	
14	安宿広成	公	文部省位子	大初下	河内国安宿郡	左京諸蕃・右京諸蕃（ともに百済）に飛鳥部・飛鳥戸造、河内国諸蕃（百済）に飛鳥戸造が見える。	※本文参照。
15	若倭部益国	不明	散位	少初下	不明	左京神別（天神）・右京神別（天孫）に若倭部、右京神別（天神）に若倭部連が見える。	若倭部氏は圧倒的に出雲国に多い。
16	土師守山	不明	不明	不明	不明	右京神別・山城国神別・大和国神別・和泉国神別（すべて天孫）に土師宿禰、大和国神別（天孫）に贄土師連、摂津国神別・和泉国神別（ともに天孫）に土師連が見える。	
17	物部道成	不明	不明	不明	不明	摂津皇別・河内皇別・和泉皇別・左京神別・河内神別・和泉神別（すべて天神）・右京未定雑姓に物部が見える。	
18	荊国足	不明	治部省史生	大初下	左京	なし	
	養徳三勝	不明	不明	不明	不明	大和国神別（地祇）に大和宿禰、摂津国神別（地祇）に大和連、左京諸蕃（百済）に和朝臣、大和国諸蕃（高麗）に和造が見える。	倭史、倭忌寸、倭宿禰、倭連、倭直なども見える。

	和雄弓	画師	左京史生	無位	不明	左京諸蕃（漢）に大岡忌寸が見える（景雲三年、倭画師は大岡忌寸に改姓）。	※本文参照。
	下道主	村主	造東大寺司少判官	正六上	河内国大県郡	左京諸蕃・右京諸蕃に下村主が見える。	※本文参照。

た請暇解に、「為私祭祀」と記している。[32] 嶋上郡には三嶋鴨神社（式内社）があり、子公の私祭祀というのが三嶋鴨神社の祭祀とすれば、三嶋県主はこの神社を奉祀してきた氏族であったと考えられる。さらに、正倉院御物に伝来する天平勝宝八歳（七五六）の嶋上郡水無瀬絵図には、「擬少領従七位下三嶋県主」と見える。[33] これらのことを踏まえると、三嶋県主は嶋上郡地域において、神祇祭祀による宗教的権威に基盤を有する氏族であり、郡司職を世襲する有力な在地豪族層であったと考えることができる。

No.14安宿広成

氏姓は安宿戸・安宿部・百済安宿公・百済飛鳥戸伎美にも作る。広成の本貫地は河内国安宿郡であることが確認でき、[34]『姓氏録』にも河内国諸蕃（百済）に飛鳥戸造が見えることから、安宿郡地域に基盤を持つ百済系氏族であることが分かる。また、広成は宝亀二年（七七一）四月にも請暇解を提出しており、「為私神祭祀」と記している。[35] 古代において諸々の氏神の祭は二月・四月・十一月に先祖の祭祀として行われていたようであり、[36] 広成が請暇したのが四月であることから見て、広成の神祭祀とは氏神の祭祀であると考えられる。安宿郡には飛鳥戸神社があり、百済飛鳥戸氏が代々奉仕してきたと伝えられるから、(37)広成はその同族者であろう。なお、河内国安宿郡の出身者には元興寺僧の智光がおり（『霊異記』中ノ七）、光明子も安宿媛という名を持つことからこの地域と何らかの関係があるとみられる。安宿郡は、仏教をはじめ文化的側面において先進的な地域であり、多くの官人を輩出する地域であったのである。広成も位子であることから、血縁的にも地縁的にも中央官司に関係を有する可能性が十分にあったようである。

和雄弓

氏は倭・大和にも作り、名は小弓・男弓にも作る。『姓氏録』には左京諸蕃（漢）として大岡忌寸が見え、大岡忌寸は神護景雲三年（七六九）に倭画師がその居地の名によって改姓したものという。大和国添上郡には大岡郷があり、おそらくここに本拠を置く氏族であろう。倭画師は同時期に数人いるが、『続日本紀』神護景雲三年五月甲午（二十七）条に、左京の人である倭画師種麻呂ら一八人が大岡忌寸を賜ったとある。雄弓もこれに含まれたかどうかは不明であるが、同時期の倭画師を名乗る者は少ないので、雄弓も同氏族と見てよく、大岡郷に居住していた可能性が高い。

下道主

道主は、天平二十年頃には無位であったが、写経所などで領・案主を歴任するなどして、最終的に造東大寺司少判官、正六位上にまで昇進した。写経所官人の中でも異例の出世を遂げた人物である。斎食を行ったのは天平宝字六年（七六二）閏十二月十四日であるが、この日を含め前後日には、道主の署名を持つ食口案が残っており、[38]斎食の日も出勤していたようである。しかし、宝字六年頃に河内国大県郡の人と見えることからすると、[39]大県郡に本貫を残したまま京内に居住し、午後の退勤以降に京内の居住地で斎食を催したのであろうか。なお、『姓氏録』では左京諸蕃・右京諸蕃に下村主が見えるが、天平期以降の写経所出仕者に数人の下村主が確認でき、家原里（河内国大鳥郡）の者もいる。[40]これらのことを道主の動向と合わせて推測すると、下村主氏は元来河内国に出自を持つ氏族であり、氏族内から写経生などの官人を多く輩出した。そして、道主のように同族者から京内へ定住する者が増え、平安京への遷都とともに京貫氏族となったのではないかと考えられる。

以上、階層や本拠地・居住地が推測できる写経所官人を取り上げて見てきた。これによると、韓国毛人・千村や安宿広成のように、血縁的縁故や地縁的縁故によって中央に出仕する機会を得た者が存在したことが分かる。白丁身分の者の出仕や官途への道は、このような縁故によって開かれるケースが多かったと考えられる。[41]表3でもある程度は窺えるが、写経所官人の多くは、京周辺・畿内諸国に本拠地を有する氏族が多い。彼らの多くは、中央に出仕しながらも本拠地に繋がりを有し、地縁的な基盤を維持する場合が少なくなかったとみられるのである。中には、三嶋県主百兄や安宿広成のように、宗教的権威によって在地に強い影響力を有する氏族の者もいたであろう。そして、下道主のように順調な官途を辿る者は、京内生活が定着していくにつれて都市住民と化し、在地との繋がりが弱くなっていったものと考えられる。

在地富豪層が共同体秩序編成と支配権確立を実現すべく、本拠地に氏寺や村堂を建立し、私的法会を設けたと考えられることは、鈴木氏ら先学の指摘の通りである。写経所官人の存在形態の特質を踏まえると、そのような主体を彼ら自身ないしその氏族に想定することは十分可能である。写経所官人の斎食・斎会の多くは、在地への影響力を持つ私的法会として機能したと考えられるのである。少なくとも、在地社会への仏教伝播の媒介として、写経所官人の存在意義を指摘することはできよう。そして、国家的仏教信仰が社会へ影響していく実態は、彼らの存在に注目することによって、より具体化できるものと考える。

おわりに

写経所官人は、中央官司の一部署に所属していたことから、国家的な仏教信仰の影響を受けやすい位置にいた。光明子の一周忌に際しては、「供二奉御斎一雑工将領等、随二其労効一賜レ爵与レ考各有レ差。其未二出身一者、聴レ預二当官得レ考之例一」(42)と見え、同様の事例が延暦年間にも確認できる(43)。追善法会へ奉仕した「雑工将領」とは、諸官司の雑色人のような写経所官人とほぼ同様の存在形態とみてよい。したがって、国家的追善儀礼における仏教様式が、多くの下級官人層にまで影響を及ぼしたことは、想像に難くなく、写経所官人に見られる中陰・周忌における斎食の実例は、王権・国家による追善法会の様式が社会へ受容されていく過程の一端を示しているといえよう。

また、写経所官人は、他氏族の出仕者や官僧と接触する機会を多く持つ立場でもあり、私的法会に際して用度物や僧尼の読経・講説を要請する際に、中央での人脈を活用したことが想像される。官僧の都鄙間交通を指摘された鈴木氏は、官僧—在地の衆僧—在地富豪という人的繋がりを想定されているが[44]、中央における僧俗交流や官人社会の構造についても検討する必要があると考える。写経所官人の持つ人脈・情報網こそが、官僧・衆僧の交通を促す機能を果たしたと考えるのである。したがって、古代社会における仏教受容について、写経所官人の存在を重視するならば、中央（主に写経所）における彼らの動向を実態的に究明していかなければなるまい。

写経所官人は、写経所で単に写経を行っていただけではなく、他寺院への出入り、各種の仏事への参加、官僧との交流など、さまざまな形で仏教と接触していたと考えられる。正倉院文書研究は近年著しい進展を見せているが、このような観点から言及したものはあまり見られない。そのため、個別事業を比較検討することを通して、その組織構造や出仕形態を明らかにし、写経所官人らの仏教との関わり方の多様性を浮き彫りにする必要がある。このような視点からの研究は、古代社会における仏教の受容過程を具体化するために重要な方法である。

註

（1）令制官司の職事官である四等官・品官が長上官であるのに対し、雑任である史生・舎人や散位は番上官であり、官位相当にも属さないことから、両者の間には大きな差がある。青木和夫「律令国家の権力構造」（同『日本律令国家論攷』岩波書店、一九九二年、初出一九七六年）、野村忠夫『官人制論』（雄山閣出版、一九七五年）を参照。

（2）栄原永遠男「都のくらし」（直木孝次郎編『古代を考える　奈良』吉川弘文館、一九八五年）、同「平城京住民の生活誌」（岸俊男編『日本の古代第9巻　都城の生態』中央公論社、一九八七年）、鬼頭清明『日本古代都市論序説』（法政大学出版局、一九七七年）所収の諸論文など。

（3）野村忠夫『官人制論』（註1前掲）、中村順昭「律令制下における農民の官人化」（同『律令官人制と地域社会』吉川弘文館、二〇〇八年、初出一九八四年）など。

（4）請暇解に見える祭祀について触れたものに、岡田精司『神社の古代史』（大阪書籍、一九八五年）があり、仏事について触れたものに、古瀬奈津子「「国忌」の行事について」（同『日本古代王権と儀式』吉川弘文館、一九九八年、初出一九九一年）、若井敏明「律令国家の僧俗関係について」（『ヒストリア』一三五号、一九九二年）、蓑輪顕量「日本古代における八斎戒の受容」（『印度学仏教学研究』四八巻一号、一九九九年）、西本昌弘「八・九世紀の妙見信仰と御燈」（同『日本古代の王宮と儀礼』塙書房、二〇〇八年、初出二〇〇二年）などがある。また、請暇解は取り上げていないが、写経生と仏教について一部触れているものとして、栄原永遠男「行基と中臣系氏族——伊勢信仰と仏教——」（野田嶺志編『地域のなかの古代史』岩田書院、二〇〇八年）がある。

（5）請暇解については、『奈良女子大学21世紀COEプログラム報告集Vol.4・9　正倉院文書の訓読と注釈　請暇不参解編（一）・（二）』（奈良女子大学21世紀COEプログラム古代日本形成の特質解明の研究教育拠点編集・発行、二〇〇五・二〇〇七年）に、原本の写真版、大日古の翻刻文、訓読文、注釈が収載されている。年未詳のNo.6の日付については、この注釈で天平宝字五年と推測されている。

（6）御灯奉献の儀礼については、西本昌弘「八・九世紀の妙見信仰と御燈」（註4前掲）を参照。

（7）黒板伸夫・森田悌編『訳注日本史料　日本後紀』（集英社、二〇〇三年）一六一頁では、服闋を年々の忌日であると注釈している。なお、「養老喪葬令」には服紀に関する制があり、父母や祖父母をはじめ近親者の死に伴う服喪期間がそれぞれ規定されているが、千村と毛人の場合、同日に服闋斎食することから見て、令制上の服紀とは考えられない。

（8）中巻第三三縁および下巻第二五縁を参照。また、下巻第一三縁では、斎食とは見えないものの、七七日に観音像を図画し写経して福力を追贈した、という説話がある。なお、以下に『霊異記』の説話を示す場合は、巻数・縁数を「下ノ一三」のように略記する。

（9）『仏説沙弥十戒儀則経』に、「若受二斎食一時、不レ得レ過二中午一、日出至二午前一、可レ許レ受二斎飯一」とある（『大正新脩大蔵経』第二四巻、九三六頁b）。

(10)『仏説玉耶女経』に、「唯仏大聖善能教訓、弁供設二斎食一、明日請レ仏、仏即受レ請、明日仏来将二諸徒衆一」とある（『大正新脩大蔵経』第二巻、八六三頁c）。

(11)『望月仏教大辞典』「斎」項を参照。

(12)『類聚三代格』巻三「国分寺事」所収神護景雲元年（七六七）十一月十二日勅、『日本霊異記』下ノ序、『日本三代実録』元慶八年（八八四）三月二十六日丁亥条など。この他、『扶桑略記』や『元亨釈書』での用例も同様である。なお、僧尼による斎食について、吉川真司「古代寺院の食堂」（栄原永遠男・西山良平・吉川真司編『律令国家史論集』塙書房、二〇一〇年）では、斎食儀における布薩を重視し、僧尼集団の秩序確認として機能したことを指摘されている。

(13)『続日本紀』神護景雲二年（七六八）二月庚辰（五）条や『続日本後紀』承和八年（八四一）三月癸酉（二一）条には、孝義に適う者が国家から田租を免除され、門閭に表彰されたという記事があり、「養老賦役令」孝子順孫条に該当する節婦の実例が知られる。この二つの記事には、死者供養のために斎戒自制した様子を「斎食」と記しており、在俗のまま僧尼と同様に長年の間持斎の生活をしているのである。これにより、蓑輪氏は、写経所官人の斎食の中に長斎の事例を少なからず想定され、古代において八斎戒が受容されていたことを主張される（蓑輪顕量「日本古代における八斎戒の受容」註4前掲）。しかし、門閭に表彰されるのは極めて特殊な場合であり、これらは例外とすべきである。後述するように、古代社会における私的法会の実態を踏まえるならば、写経所官人の斎食の多くは、僧尼供養を伴う法会として理解するのが穏当である。

(14)『日本古典文学大系』による。

(15)『新日本古典文学大系』による。

(16)『大日本古記録』による。

(17)「当」の右傍には、朱書で「十九」の二文字が上下反転して記されているが、本文記載とは関係ないものと判断されるので、割愛した。

(18)正倉院文書から知られる醬の供養料は、一単位あたり、経師は一日一合、僧尼は一日二〜三合、仏・聖僧は一日三～四合が相場のようである。例えば、宝字四年の随求壇所の場合、東寺写経所解（案）（続修後集五裏、一四ノ三四九～三五八）によると、仏は三合、僧は三合、沙弥は一合、経師等は一合となっている。また、宝字八年の上山寺悔過所の場合、「上山寺御悔過所供養料物請用注文」（続々修四三ノ一七、五ノ四七八～四八〇）、「上山寺悔過所解案」（続々修四三ノ一七、一六ノ四九九～五〇二）、上山寺御悔過所解（案）（続修後集一〇、一六ノ五〇二～五〇四）などによると、仏・菩薩は四合、僧は二合となっている。私的な法会での供養料も、ほぼ同様であったと考えられる。

(19) 井上薫『奈良朝仏教史の研究』（吉川弘文館、一九六六年）四〇三～四〇六頁。

(20) 『新訂増補国史大系』による。

(21) 『新訂増補国史大系』による。

(22) 鈴木景二「都鄙間交通と在地秩序——奈良・平安初期の仏教を素材として——」（『日本史研究』三七九号、一九九四年）、勝浦令子「古代の「家」と僧尼——八世紀の中央貴族層の公的「家」を中心に——」（同『日本古代の僧尼と社会』吉川弘文館、二〇〇〇年、初出一九九七年）、堅田理「八世紀における僧尼の交通と地域社会」（同『日本の古代社会と僧尼』法藏館、二〇〇七年、初出二〇〇一年）など。

(23) 中陰とは、インドにおいて成立した教理で、輪廻観を説く思想である。『瑜伽師地論』巻一によると、「又此中有。若未レ得二生縁一極七日住。有レ得二生縁一即不二決定一。若極七日未レ得二生縁一死而復生。極七日住。如レ是展転未レ得二生縁一。乃至七七日住。自レ此已後決得二生縁一」（『大正新脩大蔵経』第三〇巻、二八二頁a～b）とあり、前世の死から次の生存を得るまでの状態を中有（中陰）といい、これが七日ごとに展転するという。ただし、一七～七七日に斎会を修する慣習がインドで始まったかどうかは定かでなく、吉田徳晃「追善仏事に関する考察——中陰に関して——」（『仏教学会報』七号、一九八一年）では、世親著『阿毘達磨倶舎論』（玄奘訳）の中陰説の分析から、七七日の観念やそれに基づいた追善がインドにおいて確固としたものでなかったことを指摘されている。また、『望月仏教大辞典』の「四十九日」の項では、古来の七日ごとの追善供養を『梵網経』巻下の記述を根拠にして解説しているが、『梵網経』が中国撰述の偽経であることは今日では定説となっており、中国に伝来して以降に中陰の追善仏事が広まった可能性がある。

(24) これらの他、高島正人「奈良朝宮廷の忌斎――わが国における忌日・周忌の起源――」(瀧川政次郎先生米寿記念論文集刊行会編『神道史論叢』国書刊行会、一九八四年)では、『日本書紀』持統二年(六八八)正月丁卯(八)条の無遮大会の記事を天武の五百ヵ日斎、『続日本紀』大宝二年(七〇二)十二月丁巳(二十五)条の設斎記事を持統の三ヵ日斎として提示されている。しかし、両者ともに「奉為」云々という文言がなく、供養の対象が明記されていない上に、実際の忌日から数えても五百ヵ日・三ヵ日にはならない。よって、ここでは忌日斎の例とは考えないでおく。

(25) 高島正人「奈良朝宮廷の忌斎」(註24前掲)でも、この頃に百ヵ日斎の確固たる忌日意識はなかった可能性を示されている。後世の忌日斎には、一七~七七・百ヵ日・一周忌・三回忌の十仏事があり、さらに七回忌・十三回忌・三十三回忌と続く十三仏事があるが、十仏事は、中国の儒教による服喪制と習合した観念、または道教の冥界思想との習合による十王信仰ともいわれる。この信仰は、唐代後期に成立したとされており、日本ではこれを受けて、中世以降に十三仏事へ発展したと考えられている。なお、小南一郎「「十王経」をめぐる信仰と儀礼――生七斎から七七斎へ――」(吉川忠夫編『京都大学人文科学研究所研究報告　唐代の宗教』朋友書店、二〇〇〇年)において指摘されたように、中国の北朝末頃に百ヵ日斎の事例がある。これが中陰の忌日観念と結びつくのは、もっと後であると思われるが、天武・持統の例はこれに倣ったのかもしれない。

(26) 『本朝文粋』巻二「意見封事」(『新日本古典文学大系』)。

(27) 『仏説盂蘭盆経』「仏告二目蓮一。十方衆僧於二七月十五日僧自恣時一。当下為二七世父母。及現在父母厄難中者一。具二飯百味五果汲灌盆器。香油錠燭床敷臥具一。尽二世甘美一以著二盆中一。供中養十方大徳衆僧上」(『大正新脩大蔵経』第一六巻、七七九頁b)。

(28) 盂蘭盆会が俗社会に浸透していくのは、早くとも平安中期頃である。ただ、宮廷や寺院レベルでは、七世紀の段階での受容が確かめられる。詳しくは、田中久夫「たままつり――盂蘭盆会の定着化の問題――」(同『祖先祭祀の研究』弘文堂、一九七八年、初出一九七二年)、古市晃「四月・七月斎会の史的意義――七世紀倭王権の統合論理と仏教――」(同『日本古代王権の支配論理』塙書房、二〇〇九年、初出二〇〇七年)などを参照。

(29) 中田祝夫『改訂新版　東大寺諷誦文稿の国語学的研究』(風間書房、一九七九年)、小林真由美「東大寺諷誦文

稿の成立年代について」（『国語国文』六〇巻九号、一九九一年）、小峯和明「東大寺諷誦文稿の言説――唱導の表現――」（『国語と国文学』六八巻一一号、一九九一年）など。なお、本史料の引用は中田氏の翻刻による。
(30) 鈴木景二「都鄙間交通と在地秩序」（註22前掲）。
(31) 表3の「その他」の欄には、竹内理三他編『日本古代人名辞典』（吉川弘文館）によって知られる当人に関する補足情報、または同族者の分布情報などを記した。
(32) 大日古一七ノ六〇六。翻刻では「祭礼」となっているが、マイクロフィルムによって改めた。
(33) 大日古四ノ二〇八。
(34) 大日古一七ノ五。
(35) 大日古六ノ一七一。
(36) 岡田精司『神社の古代史』（註4前掲）。
(37) 『式内社調査報告』第四巻（皇學館大學出版部、一九七七年）。
(38) 大日古一六ノ三五～四〇。
(39) 大日古一五ノ一三二。
(40) 大日古二五ノ一七四。
(41) 中村順昭「律令制下における農民の官人化」（註3前掲）。
(42) 『続日本紀』天平宝字五年（七六一）六月辛巳（二十八）条。
(43) 『続日本紀』延暦十年（七九一）五月丁亥（二十七）条、および同年六月壬辰（三）条。
(44) 鈴木景二「都鄙間交通と在地秩序」（註22前掲）。

第二章　造東大寺司における官人社会

――「阿弥陀悔過知識交名」に見る――

はじめに

本章は、正倉院文書中に伝存する「阿弥陀悔過知識交名」（続々修四六ノ五、一七ノ一一一～一一四）を素材として、ここに見える知識結の性格を考察するとともに、そこから窺える造東大寺司における官人社会の構造と特質を明らかにすることを目的とする。

「阿弥陀悔過知識交名」は、奈良時代の東大寺阿弥陀堂や阿弥陀信仰などを扱った研究において、度々注目されてきた(1)。近年では、この史料をもとに下級官人たちの阿弥陀信仰を想定しようという研究も見られる(2)。しかし、これらはいずれも、ここに見える知識結の全体像を詳細に検討しているわけではなく、浄土信仰論の視点から簡単に触れられているにすぎない。本章では、この史料を特定の思想史・信仰史に結びつけるのではなく、古代仏教史全体の中に位置づけようと試みるものである。そのためには、この史料の綿密な分析を通じ、官人社会の構造を総体的に評価した上で、仏教儀礼と知識参加者との関係を考えていく必要があると考える。

知識結の分析は、人々のあらゆる結びつきとその連繋によって現出する社会の構造、およびその特徴を明らかにする方法として、たいへん有益である。これまでにも、古代の地域社会における村落共同体の構造や秩序の実態、または特定の地域に限定されない、都市的な社会を背景としたさまざまな人々の交流が、知識結に関する研究によって明らかにされてきた(3)。それらのなかで、官人社会における知識結に関する研究は、知識によってなされる事業の内容・目的やその意義を論じられることはあっても、人々の交流の実態や社会構造について言及されることはほとんどない(4)。

奈良時代の官人社会については、特定の人物を対象として、その経歴を辿りながら組織における位置づけや中央の流通経済に果たした役割などを考察した、鬼頭清明氏の研究(5)、さらに、写経所を中心とした連帯意識や官人同士のやりとりを示す事例を扱った、大平聡氏(6)や馬場基氏(7)の研究などがある。いずれも、奈良時代における下級官人の存在形態や人間関係の実例を扱ったものとして、たいへん参考になる。しかし、造東大寺司における官人社会の実態を明らかにするためには、特定の人物や個々の事例を取り上げるだけでなく、多くの官人たちの交流やそれによって形成される人脈・情報網の構造を総体的に評価する必要があると考える。このような観点から検討を加えたものは、管見の限り、いまだ見当たらず、古代における官人社会の構造に関する研究は、意外なほど進展していないようなのである。

ただ近年では、正倉院文書研究の成果によって、写経事業の展開やその運営組織に関する多くの知見が得られるようになってきた。これらの業績は、造東大寺司や写経所の官人たちの動向を実態的に把握する上で、極めて重要である。例えば、山下有美氏による造東大寺司における組織原理や職員構成等に関する緻密な研究(8)は、組織の内部構造を詳細に窺うことができ、そこでの官人たちの交流の実態を分析することで、公的組織の社会的特性を抽出することが可能になったといえる。また、山本幸男氏は、写経所文書の総括的分析によって、天平宝字年間における写経生の写経事業への従事状況を一括提示されたが、(9) この研究が造東大寺司における官人社会の構造を検討する上で不可欠なのは、言を俟たないであろう。

これらの成果を受けつつ、「阿弥陀悔過知識交名」の分析を行うと、知識に参加した人々の結集する様子を具体的に窺い知ることができる。この知識結の性格には、造東大寺司における官人社会の構造とその特質が色濃く反映されており、人々の交流の実態を総体的に把握し、その社会性を読み取ることが可能なのである。以下、四節に分けて詳論する。

第一節 「阿弥陀悔過知識交名」の概要

「阿弥陀悔過知識交名」（以下、「交名」と略記）は、二紙からなる断簡で、左端・右端ともに数行分の余白があることから、文面は首尾完結していると見てよい。二紙全体にわたって天部に欠損があるが、記載された文字はすべて判読ないし推測できる。表面には、明治以降の整理過程で付されたとみられる新付箋が二つある。紙背は空であるが、左端裏に「十八貫四百五十八文」の墨書があり、「交名」の内容に関係する記載と思われる。

この「交名」は無年紀であるが、東大寺における阿弥陀悔過の厳修に際して財物を寄進した人々の名簿と考えられる。冒頭に「阿弥陀悔過知識」という表題があり、計七八人に及ぶ人名が記載され、冒頭の二行を除くと、縦一行に二名ずつ記されている。[10] 各人の官位等は見えないものの、名の下に寄進した銭の文数が記されている。一人当たりの銭の寄進額は、最高五〇文、最低一文で、七八人の銭数を合計すると七〇〇文になる。[11] ただ、最初に名が記載される安都雄足の場合は、「米五斗代出稲拾斤銭五十文」とあり、銭の他に稲一〇斤を米五斗分として寄進したようである。この雄足を除くと、全員が銭のみの寄進である（以上、表1参照）。

なお、人名記載のうちの七〇人ほどは、名前の右上に墨書で合点が施されており、25行目下の上野名形麻呂のみ朱による合点である。これらが何を意味するのかは不明であるが、帳簿として何らかのチェックがなされたようであり、この「交名」が正文ではないことは確実である。

文面の筆跡についても二、三触れておきたい。マイクロフィルムによって筆跡を見ると、まず明らかなことは、寄進者一人ひとりが名前および寄進額を自書したのではないことである。少なくとも、1行目の「阿弥陀悔過知識」から8行目下の「三嶋百兄十文」までは同筆とみられ、後半にもこれとほぼ同様の筆致が見られる。そして、2行目の「安都雄足」の筆致は、他の史料に見られる雄足の自署と酷似している。すると、少なくとも1～8行目は、雄足の筆になるものと考えられる。9行目から少し筆致が異なるようにも見え、殴り書きに近い書きぶりになっているが、後半の方にも雄足の筆致と思しき箇所がまま見られ、とくに最後の40行目は、前半の雄足の筆致とほぼ同様である。したがって、「交名」の記載は、雄足一人による筆か、もしくは、二人以上としても二、三人ほどのごく少数による筆であると推測される。いずれにしろ、途中から筆致が若干異なることから、冒頭から末尾まで一度に書き上げられたのではなく、ある程度の時間差をもって随時書き足されていったことは

表1 「阿弥陀悔過知識交名」の記載内容

行数	上段		下段	
1	阿弥陀悔過知識			
2	安都雄足	米五斗〔代出稲一〇斤〕銭五〇文		
3	上馬養	銭五〇文	勝屋主	三〇文
4	□(安)都犬養	銭五〇文	安都水通	銭五〇文
5	工広道	銭一〇文	万昆公万呂	五文
6	万昆神恵	五文	尾張足人	五文
7	阿閇豊庭	五文	山部吾方万呂	四文
8	□(石)津真人	五文	三嶋百兄	一〇文
9	韓国千村	一〇文	尾張広足	一〇文
10	山田浄人	一〇文	広田連広浜	一〇文
11	倭雄弓	一〇人(文)	土師弟主	一〇文
12	秦太棗	一〇文	杖部造子虫	五文
13	敦賀公麻呂	五文	岐清人	一〇文
14	湯坐伊賀万呂	一〇文	櫟井馬甘	一〇文
15	中臣船万呂	一〇文	万昆秋万呂	五文
16	三嶋岡万呂	一〇文	刑部縄万呂	一〇文
17	赤染広庭	一〇文	尼弥東麻呂	一〇文
18	日置少張	一〇文	下村主浄足	一〇文
19	□(小)治田弟成	三文	阿閇広人	一〇文
20	□(十)市倭万呂	四文	息長常人	銭三文
(紙継目)				
21	板持連御依	五文	足奈太須	五文
22	大窪石弓	二文	馬甘王✓	三文
23	高橋息嶋	五文	采女多智麻呂	五文
24	安宿広成	一〇文	飛(マヽ)部造立万呂	二文
25	十市正月	八文	上野名形麻呂	五文
26	丸部人主	五文	田辺岡麻呂	一〇文
27	三国広山	一〇文	文岡主	一〇文
28	上楯万呂	一〇文	荒工■(念カ)人	三文
29	佐為石村	一〇文	呉服息人 田井男足	二文 二文
30	香止得万呂	一文	阿刀乙万呂	四文
31	竹田真弓	三文	服部広国	一文
32	狛辰巳	二文	船大訳	六文
33	乙訓市万呂	一〇文	凡判万呂	一〇文
34	語部三田万呂	五文	日置広庭	一〇文
35	丹波広成	五文	阿刀与佐美	一〇文
36	伊香多治比	三文	伊香弟虫	二文
37	鳥取国万呂	二文	物部法万呂	二文
38	大石堅魚麻呂	二文	守部連君足	二文
39	沙宅家人	三文	石作造今万呂	一文
40	粟田少蓑万呂	一〇文	大原国持	一〇文
裏書	一八貫四五八文			

間違いない。これはおそらく、人々による寄進が一度になされたのではなく、各人ないし数人によって時々になされたことによるものと考えられる。

なお、知識結の背景について考えてみると、やはり安都雄足という人物の重要性が注目される。雄足が「交名」の起草者であることは、彼の名前が最初に見えることや彼の筆跡が窺える点から見て疑いない。また、雄足のみが銭の他に米五斗を寄進しているが、米五斗と稲一〇斤は、当時の価格で両方とも二五〇～三〇〇文程度と、ほぼ同額であったようである(12)。すると、全員の寄進額の合計七〇〇文を切りのよい一〇〇〇文にするために、不足分を稲で補塡したのではないかとみられるのである。少なくとも、雄足が知識を取りまとめた存在であったことは間違いなさそうである(13)。先行研究によって指摘されてきたことであるが、彼は藤原仲麻呂と近い関係にあった可能性が高く、両者の間に私的な結合を想定する見解もある(14)。阿弥陀悔過の実施と光明子・藤原氏は深い関係にあるとされていることも踏まえると、光明子もしくは彼女に近い藤原氏関係者がこの知識結の発願者で、同族者である仲麻呂が安都雄足に勧進に当たらせたという見方も可能になってくるのである。そして興味深いのは、全員の合計額である七〇〇文より格段に高額な文数が、「交名」の左端裏書に記載されていることである。この裏書は、表面の「交名」記載と無関係とは考えられないので、この知識には、さらに多くの寄進者の存在が想定され、かなり大規模な知識結であったと考えることができる。このように見てくると、仲麻呂ないし藤原氏関係者が近辺の官僚たちに知識を募るよう命じ、安都雄足はそのうちの一人であったのではないかと想定されるのである。

このように、知識結の背景については推測の域を出ないが、いずれにしても、この知識参加者の分析から官人社会の構造を検討することは、王権による仏事の執行と官人社会への影響を解明する上で有益であることに変わりはなさそうである。

第二節　知識参加者の動向分析

次に、知識参加者の動向について検討する。参加者を分析すると、「交名」の作成時期をある程度推測することができるので、まずそれについて述べておきたい。

「交名」が写経所文書とともに伝来したところを見ると、起草者である安都雄足が造東大寺司で活動した時期に作成・保管されたとみられる。雄足の動向は、宝字八年（七六四）正月を最後に全く確認できなくなるので、これ以降は考えにくい。(17) そして、10行目下の広田連広浜は、他の史料に見える辛広浜と同一人であることがほぼ確実であり、『続日本紀』天平宝字二年（七五八）九月己卯（十）条に「右京人正六位上辛男床等一十六人賜二姓広田連一」とある賜姓にあずかった一六人に含まれていたと見てよい。(18) その証拠に、広田広浜は宝字二年九月以降に見えるがそれ以前には見えず、辛広浜は九月以前に見えるがそれ以降には見えなくなる。(19) したがって、彼を改姓後のウヂ名で記した「交名」は、宝字二年九月以前はありえず、ここに上限を定めることができる。なお、他の知識参加者の動向を見ると、知識に結集した時期をさらに絞り込むことができるが、詳しくは後に譲る。

さて、「交名」に見える七八人は、「交名」が作成されたと推定される宝字二年九月頃～八年正月（以下、当該期とする）に、造東大寺司において出向した部署や職務内容が判明ないし推測できる場合が多い。計七八人のうち、他史料に全く確認できない者は一一人である。よって、検討の対象となるのは六七人である。

まず、写経所に経師・装潢・校生（以下、経生とする）として出仕した者は、全体の六〇パーセント強を占める四九人にのぼり、たいへん多い点が注意される。この四九人については、山本氏の研究(20)によって、当該期における個別写経事業のうち、どの事業に従事したのかがほぼ判明し、さらに詳細な動向を窺うことができる。宝字年間には多数の写経事業が行われたことが知られるが、山本氏はこの時期の写経事業を二一例に整理された。このうち、当該期から外れるものを除き、四九人が従事した事業を検索すると、一五例にのぼる。この一五例の写経事業の関係史料をa〜xとし、四九人それぞれの名前が見える史料記号を示すと、表2のようになる。

なお、経生四九人のうち、尾張足人（6行目下）・山田浄人（10行目上）・三嶋岡万呂（16行目上）・下村主浄足（18行目下）は、勝宝期や神護期に雑使などとして出仕しているが、当該期に限れば、その動向は経生としての出仕のみとなる。しかし、上馬養（3行目上）・上野名形麻呂（25行目下）・丸部人主（26行目上）・三国広山（27行目上）・文岡主（27行目下）・阿刀乙万呂（30行目下）・船大訳（32行目下）の七人は、当該期に事務官としても従事した経歴がある。当該期における動向が経生としての出仕のみに限られる者については、表2からその動向を把握することで事足りると思われるが、この七人と経生以外の一八人は、経生のように機械的に把握することが困難である。そこでこの七人と一八人の合わせて二五人は、少々煩瑣になるが、表3に各々の動向を示しておく。当該期の動向が不明な者も二名ほどいるが、その場合は他の時期を参考にした。

表2　当該期における写経事業への従事状況（経生49名）

写経事業（年号はいずれも天平宝字）			3上 上馬養 校生	4上 安都犬養 校生	4下 安都水通 装潢	5下 万昆公万呂 経師	6上 万昆神恵 経師	6下 尾張足人 経師	7上 阿閇豊庭 経師
			行数 / 人名 / 職務内容						
B	2年6～10月	金剛般若経1000巻	*			a		a	a
C	2年7～11月	千手千眼経1000巻 新羂索経10部280巻 薬師経120巻	d	d		bc	bc	bc	bc
D	2年9月～3年4月	金剛般若経1200巻		h	g	ef	ef	ef	ef
E	4年正～3月	法華経45部360巻 金剛般若経45巻 理趣経45巻	k						
F	4年6～7月	称讃浄土経1800巻							
G	4年10月	大仏頂陀羅尼10巻 随求陀羅尼10巻							
H	4年8月～5年5月	周忌斎一切経5330巻	o			o		o	
I	6年2～12月	大般若経1部600巻 理趣経2巻	*						
J	6年2～7月?	観世音経100巻	q						
K	6年12月～7年5月	灌頂経12部144巻	r						
L	6年閏12月～7年4月	大般若経2部1200巻							
M	6年閏12月～7年4月?	金剛般若経20巻 最勝王経2部20巻							
N	6年閏12月～7年2月	仁王経疏5部25巻							
R	7年4～6月	最勝王経11部110巻 宝星陀羅尼経1部10巻 七仏所説神呪経3部12巻 金剛般若経600巻	w						
S	7年7月	十一面神呪心経1部30巻 孔雀王呪経1部10巻							

7下	山部吾方万呂	経師	a	bc	ef				o								
8上	石津真人	経師		bc	ef												
8下	三嶋百兄	経師	a	bc	ef				o				s	t			
9上	韓国千村	経師		bc	ef		lm		o								
9下	尾張広足	経師		bc	ef												
10上	山田浄人	経師		bc	ef		lm										
10下	広田連広浜	経師		bc	ef												
11上	倭雄弓	経師		c	ef		lm		o								
11下	土師弟主	経師		bc	ef		lm		o								
12上	秦太棗	経師		bc	ef	ij											
12下	杖部造子虫	経師	a	bc	ef				o				s	*			x
13上	敦賀公麻呂	経師		c	ef												
13下	岐清人	校生	*	d	h												
14上	湯坐伊賀万呂	経師	a	bc	ef												
14下	櫟井馬甘	経師		bc	ef				o								
15上	中臣船万呂	経師			ef												
15下	万昆秋万呂	経師	a	bc	ef												
16上	三嶋岡万呂	経師	a	bc	ef				o								
16下	刑部縄万呂	経師			ef												
17上	赤染広庭	経師			ef				o								

行数	人名	職務内容	B	C	D	E	F	G	H	I	J	K	L	M	N	R	S
17下	尼弥東麻呂	経師			ef												
18上	日置少張	経師	a	bc	ef												
18下	下村主浄足	経師			ef												
19上	小治田弟成	経師		bc	ef				o								
19下	阿閇広人	経師	a	bc	ef		m		o								
20上	十市倭万呂	経師	a	bc	ef				o								
21上	板持連御依	経師	a	bc	ef												
21下	足奈太須	経師		*	ef				o								
22上	大窪石弓	経師	a	bc	ef	ij			o	p			s		u	v	x
22下	王馬甘	経師	a	bc	ef	i			o				s			v	x
23上	高橋息嶋	経師			ef				o				s	t		v	x
23下	采女多智麻呂	経師			ef				o								
24上	安宿広成	経師	a	bc	ef	i			o								
24下	飛鳥部造立万呂	経師			ef												
25上	十市正月	経師			ef				o								
25下	上野名形麻呂	経師校生	a	d	efh	k			o								
26上	丸部人主	経師	a	bc	ef								s	t		v	
26下	田辺岡麻呂	校生	*	d	h				o								

27上	三国広山	校生	＊	d	h				o								
27下	文岡主	校生			h												
30下	阿刀乙万呂	経師校生						n			q		s		u	v	
32下	船大訳	経師校生														vw	

・写経事業の記号は、山本幸男註9論文掲載の一覧表に従い、事業内容や期間もこれを参考にしたが、一部訂正を加えたものもある。
・山本幸男註9論文掲載の一覧表において、従事したことを推測されている箇所には、＊を記した。
・経生の従事状況を示すのに用いた史料は、以下の通り。

B…a.「金剛般若経紙充帳」（続々修八ノ一三、一三ノ三一八～三三一）
C…b.「充千手千眼幷新羂索薬師経紙帳」（続々修七ノ五、一三ノ四三五～四六二）
c.「千手千眼幷新羂索薬師経書上帳」（続々修七ノ六、一三ノ三八七～四一四）
d.「千手千眼幷新羂索薬師経校帳」（続々修二六ノ八、一三ノ四二七～四三〇）
D…e.「後金剛般若経経師紙筆墨充帳」（続々修三六ノ二、一四ノ一一七～一三七2）
f.「後金剛般若経経師紙筆墨充帳」（続々修三六ノ二、一四ノ一三七3～一六一）
g.「後金剛般若経装潢紙上帳」（続々修八ノ一五、一四ノ一六六～一六九）
h.「後金剛般若経校帳」（続々修八ノ一二、一四ノ一九一～一九四）
E…i.「四十五部法華経充本帳」（続々五ノ一四、一四ノ二八八～二九二）
j.「東寺写経所充紙帳」（京都・小川広巳氏蔵、二五ノ二五六～二五九）
k.「四十五部法華経校帳」（続々修五ノ一三、一四ノ三一九～三二一）
F…l.文部省供奉官人等歴名（続々修三七ノ九㉕裏、一四ノ三四六＋続々修三ノ四④⑵裏、一四ノ三四七）
m.「東寺写経所移案」（続々修一八ノ六、一四ノ三九七5～三九八13）
G…n.「東大寺写経布施奉請状」（続々修四一ノ三、四ノ四四一～四四四）
H…o.奉写一切経所解（案）（続々修二ノ一、一五ノ一〇三～一一九）

I…p.「石山院大般若経充本帳」（続々修一八ノ二、五ノ一〇七～一一〇）
J…q.「写経料紙充用注文」（続々修一八ノ二、五ノ四五七～四五八）
K…r.「灌頂経十二部校帳」（続々修一〇ノ一、一六ノ五六～五七）
L…s. 奉写二部大般若経料紙筆墨充帳（続々修四ノ六、一六ノ一三九～一六四）
M…t. 奉写二部大般若経等本充帳（続々修四ノ九、一六ノ一六四～一七〇）
N…u.「仁王経疏本充帳」（続々修九ノ八、一六ノ三一九～三二二）
R…v.「七百巻経充紙筆墨帳」（続々修一〇ノ一九、五ノ四一八～四三二）
w.「七百巻経校帳」（続々修一〇ノ一七、一六ノ三八七～三八九）
S…x. 冊巻経充本帳（続修後集三九、五ノ四四九～四五一）

表3　経生以外の知識参加者の動向

行数	人名	造東大寺司での動向
2	安都雄足	宝字二年六月～七年五月に写経所別当、同年十一月～三年四月に東塔所別当、同三年五月～四年十二月に法花寺作金堂所別当、同五年十二月～七年六月に造石山寺所別当、同四年二月～五年十二月に造物所別当（以上、山下註8著書参照）。
3上	上馬養	宝字元年閏八月～宝亀七年に写経所案主（鬼頭註5論文・山下註8著書参照）、宝字四年四～閏四月頃に東塔所の文書に署名（一四ノ三八六・三九〇・三九一）、宝字六年正～十一月頃に造石山院所の領・案主（一五ノ一四二・一四五、一六ノ一七～二一）。官位は当該期に散位・従八下（一三ノ二二六、五ノ四五二）でほぼ変動なし。
3下	勝屋主	宝字二年十～十一月頃に写経所の食料・銭等の支給記録に署名（一四ノ九～一三・二二～二四・五八～六〇・七四～八〇・九〇～一〇九・二〇一～二〇四・二〇五～二〇六・二一五）、この頃、外散位（一四ノ二六八）。宝字五年十二月以降に甲可山作所領（四ノ五二七）、同六年八月に外散位・少初上（一五ノ二三八）。同年九～十月に高嶋からの文書に署名（五ノ二七九・二八三・二八四）。

5上	工広道	宝字二年七月に写経所から直銭を付せられ（一三ノ二六〇・三六五）、九月に写経料雑物の銭・米を充てられ（一四ノ四九）、十月に軸納の使となり（一四ノ二〇五）、同月頃に雑使（一四ノ二六五）。七月に写経料の直銭を付せられ、九月に造物所から軸を収納（Ⅰ）、この頃散位（一四ノ二一三・二六八）。宝字四年四～九月に法花寺作金堂所の領（Ⅱ）、十月に写経所の堂童子、散位・少初下（四ノ四四三）。同六年頃に造石山院所の領（五ノ一四六、一五ノ二一二）、五月に散位・少初上（一五ノ二〇五）。宝字七年正月に造物所に見侍（一六ノ三一八）。
20下	息長常人	宝字二年三・四月に造東大寺司画師等の行事注文に署名（四ノ二六八、一三ノ二三六）。大仏殿の彩色を担当した部署としては絵花盤所（四ノ二一二）がある。同年八月に造東大寺司未選として知識経に参加（四ノ二九五）、宝字六年六・八月に造石山院所の仏工（一五ノ二一八・二三九）。
25下	上野名形麻呂	宝字四年正～三月の紙充記録に署名（一四ノ三〇五）。同年頃の雄足の状に、法華寺西南角へ一切経目録を持参すべき旨が見え、上馬養の正身に障りあれば名方万呂（名形麻呂）に参らせよ、とある（一四ノ三〇九）。
26上	丸部人主	勝宝四年に厨子の彩色に従事（一二ノ二四五）。宝字四年四～九月に作金堂所の案主（Ⅱ）。
27上	三国広山	宝字二年十月に経師等の被料の布を収納（一三ノ四九一）、同年九月に写経所の使（一四ノ五六）、十月に供養料を収納（一四ノ五八）、宝字二年十一月に経師手実に署名（一四ノ二一九）、同月写経所の使（一四ノ二四八・二五一）、宝字四年九月に使（一四ノ四四二）、五年正月に写経料物を収納（一四ノ四三九）。
27下	文岡主	宝字二年九月に香山寺三綱務所へ奉請使（四ノ三二五）、十月に写経料物を収納（一四ノ五七・五九）、十一月に薪料の銭を付けられ（一四ノ一三）、同月に薪を収納（ただし抹消、一四ノ七九）、九月に綺を収納（一三ノ二五三）。
28上	上楯万呂	勝宝八歳八月～翌年七月に写経所の画工（一三ノ二〇三）、九月に所々庄図を作る料の丹を付けられ（一三ノ二〇四）、勝宝九歳九月～宝字二年三月に写経所へ上日（一三ノ二二七）、宝字二年四月に大仏殿右方花実彩色の堺画工（一三ノ二三五）、宝字二年八月に画工（ただし名は欠損、

28上	上楯万呂	四ノ二九八）、九～十一月に写経所の画工（一四ノ二二一・二六八）、宝字四年四～十月頃に作金堂所の画師（Ⅱ）、宝字六年三月頃～九月に造石山院所の画師（五ノ二五七、一五ノ一七四・二一八・二二二・二三〇・二三三～二三四・二四五）、八月に画師・造東大寺司番上・従八下（一五ノ二三九）。
29下右	呉服息人	宝字四年六月に造物所に出仕？（四ノ四二四、山下註8著書参照）、宝字七年六月と同八年七月に造寺司倉人として署名（一六ノ四〇〇、五ノ四八五）。
29下左	田井男足	年未詳の勘籍に名が見え、大倭国宇智郡資母郷の戸口とある（二五ノ九三）。勝宝二年八月の写経所の上日報告に見える（二五ノ一三四）。
30下	阿刀乙万呂	宝字四年四～九月に作金堂所の領（Ⅱ）、十月に造寺司未選（四ノ四四二）、宝字六年正・二月に造石山寺所の使（五ノ六・一四、一五ノ二九〇）、二月に造物所の木工（一五ノ一五三）、同月に山作所の領（一五ノ一五〇）、三～七月に同所の領・使（五ノ一四五・二一一・二三二・二三三・二五七、一五ノ四五四・二〇九・二一一・二一二）、宝字六年閏十二月に写経所・造寺司の使（一六ノ七七・一〇七・一〇九）。
31上	竹田真弓	勝宝七歳五月と宝字二年九月に写経所の使（一四ノ一七一）、宝字二年に知識経に参加、武散位・大初下（四ノ二九五）。宝字七年正月に造物所に見侍（一六ノ三一八）。
31下	服部広国	宝字四年四～九月に作金堂所の木工として上日した（Ⅱ）。宝字六年二月に造石山院所から造物所へ木工阿刀乙万呂とともに返上された（一五ノ一五三）。
32下	船大訳	宝字三年六月に作金堂所解に署名（一四ノ二八四）、宝字七年四～六月に写経所の領（一六ノ三二九・三三一）、同年五月に元興寺への奉請使、少初上（一六ノ五六・三八四）。
33上	乙訓市万呂	勝宝七歳に造講堂院所の木工・中宮舎人・大初上、「令教作」「令構作」「供奉礼仏」などに従事（一三ノ一五七）。
33下	凡判万呂	勝宝八歳二月に造講堂所に上日、史生・少初下（二五ノ一四七）。宝字三年六月に作金堂所解（一四ノ二八四）に、宝字七年正月に出納文書に署名（一六ノ三一四）、年不詳の北倉出納文書に史生として連署（一六ノ五六九）。

34下	日置広庭	宝字二年の知識経に参加（四ノ二九四、一四ノ二七七）、左大舎人・少初上。この時、造大殿所に従事（二五ノ二四〇）。宝字三年六月に□工所の案主（四ノ三七〇）、宝字五年二月に政所料から木工所への米を付けられ（一五ノ八七）、宝字六年頃に葛井判官所（葛井根道）に売る綿を付けられた（一六ノ七八）。根道はこの頃、木工所別当（五ノ一二六）。宝字八年四月に木工所解に署名（五ノ四八一）。
35上	丹波広成	宝字五年十二月に木工所の雑政＝「毎物別当」に預かり（四ノ五二五）、宝字七年正月頃に木工所で花厳会料を受け（一六ノ三二五）、宝字八年十一月に木工所に従事（一六ノ五一八）。
35下	阿刀与佐美	勝宝八歳二月に造大殿所の上日報告に署名（二五ノ一四七）、宝字二年九月に知識経に参加、史生・正八下（四ノ三九八）。この時、造大殿所に従事（二五ノ二三九）。宝字三年六月に□工所解に史生として連署（四ノ三七〇）、宝字六年閏十二月に伊賀山作所別当、史生・正八下（五ノ三七七）。
36下	伊香弟虫	宝字二年九月に知識経参加者の河内史生（年継）の料物を送付（一四ノ一八〇）、宝字三年六月に鋳所解に河内年継らと連署（四ノ三七四）。
37上	鳥取国万呂	宝字五年に正八下（出向先不明、一五ノ一三三）。神護元年に楽具欠失注文に署名、散位（五ノ五二三）。以降、東大寺正倉の下充使（一六ノ五八八、六ノ四六六）。
40上	粟田少蓑万呂	宝字二年六～十月に写経所の使（一三ノ二五九・二六六・二七七、一四ノ七・一三・二七）、この頃、外散位（一四ノ二一三・二六八）。
40下	大原国持	宝字二年九～十一月に写経所の雑使（四ノ三二六・三四九、一四ノ八・五六・二五九・二六五）、宝字四年正～六月に写経所の使（一四ノ三〇四・三六八・三七六・三八三・三九五・三九七・四〇五）、この時未選。

・出典を省略した史料は次のとおり。

Ⅰ…千手千眼幷新羂索薬師経料銭幷衣紙等納帳（続々修八ノ九1、四ノ二七八～二八〇＋続々修八ノ九2～6、未収＋続修別集一六⑤裏、一三ノ二五二～二五三。この史料の復原および翻刻は、山本幸男註24論文二二三～二三〇頁を参照）

Ⅱ…作金堂所解（案）（続修三七⑶裏、一六ノ三一〇～三一一3＋続修三七⑴裏、一六ノ三一一12～三一五＋続々修四二ノ一⑮、四ノ四四四～四四五）

以上によって、計六七人それぞれの大まかな経歴を把握することができる。これを「交名」記載の順にまとめて表示したのが、表4である。次にこの分析結果から、知識が結集される様子や人的交流の実態を探ってみたい。

第三節　知識の結集過程

表4を見ると、知識参加者の官位は、七位～無位・未選・白丁身分などさまざまであり、「交名」の記載順に官位による明確な規則性はない。また、全体的に見て、参加者の本属が特定の官司に偏っている様子もない。しかし、氏族や出向先による小集団が見出せることは、看過できない。

氏族の例として、安都氏（4行目上・下）、万昆氏（5行目下・6行目上）、伊香氏（36行目上・下）などがある。同族で並んで名が見えていることは、血縁関係によって同時に寄進したことを示していると思われる。このことは、民間から同族者や地縁者を頼って写経所への出仕に預かる者がいたことと一致する。(21)

一方、出向先の具体的な例は、

㋐写経所関係者五二人（2～28行目上）
㋑造講堂（院）所出仕者二人（33行目上・下）
㋒造大殿所・木工所出仕者三人（34行目下～35行目下）
㋓写経所関係者二人（40行目上・下）

表4　阿弥陀悔過知識参加者の経歴と官位

行数	人名	造東大寺司における経歴	官職・位階	備考
2	安都雄足	写経所別当…二年六月～七年五月　東塔所別当…二年十一月～三年四月　法花寺作金堂所別当…三年五月～四年十二月　造石山院所別当…五年十二月～七年六月　造物所別当…四年二月～五年十二月	造東大寺司主典・正八上	
3上	上馬養	写経所案主…一年閏八月～宝亀七年　東塔所案主…四年四～閏四月頃　造石山院所案主…六年一～十二月頃　校生（表2参照）	散位・従八下	河内国大県郡津積郷の人（六ノ四〇五）
3下	勝屋主	写経所案主…二年十～十一月　造石山院所領…五年十二月～六年十月頃	外散位・少初上	美濃国の人（一五ノ二三八）
4上	安都犬養	校生（表2参照）	散位・大初下	
4下	安都水通	装潢（表2参照）	散位・大初下	
5上	工広道	写経所雑使…二年七～十一月頃　法花寺作金堂所領…四年四～九月頃　写経所堂童子…四年十月　造石山院所領…六年一～五月頃　造物所雑使…七年一月	散位・少初下⇓同・少初上	
5下	万昆公万呂	経師（表2参照）	文部省書生・従八上	
6上	万昆神恵	経師（表2参照）	散位・従八上	
6下	尾張足人	経師（表2参照）	散位・少初下	
7上	阿閇豊庭	経師（表2参照）	文部省位子・少初上	
7下	山部吾方万呂	経師（表2参照）	文部省書生・無位	

8上	石津真人	経師（表2参照）	内史局書生・無位	
8下	三嶋百兄	経師（表2参照）	文部省書生・従八上	
9上	韓国千村	経師（表2参照）	義部省史生・大初上	
9下	尾張広足	経師（表2参照）	乾政官史生・従七上	
10上	山田浄人	経師（表2参照）	礼部省史生・正八上	
10下	広田連広浜	経師（表2参照）	節部省史生・正八上	
11上	倭雄弓	経師（表2参照）	左京職史生・無位	
11下	土師弟主	経師（表2参照）	武部省史生・無位	
12上	秦太棗	経師（表2参照）	散位・従八下	
12下	杖部造子虫	経師（表2参照）	右大舎人・大初下	
13上	敦賀公麻呂	経師（表2参照）	白丁	
13下	岐清人	校生（表2参照）	坤宮官舎人・無位	
14上	湯坐伊賀万呂	経師（表2参照）	文部省書生・無位	
14下	櫟井馬甘	経師（表2参照）	散位・少初下	
15上	中臣船万呂	経師（表2参照）	白丁	
15下	万昆秋万呂	経師（表2参照）	白丁	
16上	三嶋岡万呂	経師（表2参照）	散位・大初上	
16下	刑部縄万呂	経師（表2参照）	白丁	
17上	赤染広庭	経師（表2参照）	白丁	
17下	尼弥東麻呂	経師（表2参照）	白丁	

18上	日置少張	経師（表2参照）	白丁	
18下	下村主浄足	経師（表2参照）	白丁	
19上	小治田弟成	経師（表2参照）	文部省位子・少初上	
19下	阿閇広人	経師（表2参照）	散位・少初下	
20上	十市倭万呂	経師（表2参照）	坤宮官舎人・少初上	
20下	息長常人	《絵花盤所領…二年三～四月》造石山院所仏工…六年六～八月頃	未選	左京七条二坊の人（一五ノ二三九）
21上	板持連御依	経師（表2参照）	白丁	
21下	足奈太須	経師（表2参照）	白丁	
22上	大窪石弓	経師（表2参照）	白丁	
22下	王馬甘	経師（表2参照）	白丁	
23上	高橋息嶋	経師（表2参照）	白丁	
23下	采女多智麻呂	経師（表2参照）	白丁	
24上	安宿広成	経師（表2参照）	文部省位子・無位	河内国安宿郡の人（一七ノ五）
24下	飛鳥部造立万呂	経師（表2参照）	白丁	
25上	十市正月	経師（表2参照）	白丁	
25下	上野名形麻呂	写経所雑使…四年一～三月頃　経師・校生（表2参照）	坤宮官未選	

26上	丸部人主	法花寺作金堂所案主…四年四～九月　経師（表2参照）	左大舎人・大初下	
26下	田辺岡麻呂	校生（表2参照）	右大舎人・無位	
27上	三国広山	写経所雑使…二年九～十一月頃　同…四年九月～五年一月　校生（表2参照）	坤宮官舎人・無位	
27下	文岡主	写経所雑使…二年九～十一月　校生（表2参照）	坤宮官未選	
28上	上楯万呂	《写経所画工…勝宝八歳八月～宝字二年三月　絵花盤所画工…二年四月頃》　写経所画工…二年八～十一月　法花寺作金堂所画工…四年四～十月　造石山院所画工…六年三～九月	造東大寺司画工・少初上⇓同番上・従八下	近江国滋賀郡の人（一五ノ二三九）
28下	荒工■人			他に見えず
29上	佐為石村			他に見えず
29下右	呉服息人	造物所雑使?…四年六月頃　造東大寺司倉人…七年六月頃～	?	
29下左	田井男足	《写経所雑使?…勝宝二年八月頃》	?	大和国宇智郡資母郷の人（一五ノ九三）
30上	香止得万呂			他に見えず
30下	阿刀乙万呂	法花寺作金堂所領…四年四～九月　造石山院所領…六年一～七月　造物所木工…六年二月頃～?　造東大寺司雑使?…六年十二月頃～?　経師・校生（表2参照）	造東大寺司未選	左京の人（一五ノ二三八）
31上	竹田真弓	写経所雑使?…勝宝七年五月頃～宝字二年九月頃　造物所雑使?…七年一月	武散位・大初下	

31下	服部広国	法花寺作金堂所木工…四年四～九月　造石山院所木工…六年二月前後　造物所木工…六年二月頃～?	?	
32上	狛辰巳			他に見えず
32下	船大訳	法花寺作金堂所領…三年六月頃　写経所領…七年四～六月　経師・校生（表2参照）	?・少初上	
33上	乙訓市万呂	《造講堂院所領…勝宝七歳》	中宮舎人・大初上	
33下	凡判万呂	《造講堂所領?…勝宝八歳二月》　法花寺作金堂所領…三年六月頃　造東大寺司倉人?…七年一月～?	造東大寺司史生・少初下～正八上	
34上	語部三田万呂			他に見えず
34下	日置広庭	造大殿所領…二年九月頃　木工所案主…三年六月～八年四月頃	左大舎人・少初上	
35上	丹波広成	木工所領…五年十二月～八年十一月頃	?	
35下	阿刀与佐美	造大殿所別当…勝宝八歳二月～宝字二年九月頃　木工所別当…三年六月頃　伊賀山作所別当…六年閏十二月	造東大寺司史生・正八下	
36上	伊香多治比			他に見えず
36下	伊香弟虫	鋳所領…二年九月～三年六月	?	
37上	鳥取国万呂	造東大寺司雑使?…五年頃～?	?・正八下	河内国高安郡の人（一五ノ一三三）
37下	物部法万呂			他に見えず
38上	大石堅魚麻呂			他に見えず

38下	守部連君足			他に見えず
39上	沙宅家人			他に見えず
39下	石作造今万呂			他に見えず
40上	粟田少嚢万呂	写経所雑使…二年六～十一月	外散位・？	
40下	大原国持	写経所雑使…二年九～十一月　同…四年一～六月	未選	

・造東大寺司における経歴のうち、当該期（宝字二年九月～八年一月）以外の経歴は、《 》で表記した。
・出向した期間を記す場合、元号（天平宝字）は省略して年数と月を記し、当該期からずれる場合のみ元号を付した。
・官職・位階のうち、表3で示したもの以外は、宝字二年十一月三日付「東寺写経所解案」（続々修四五ノ三裏、一四ノ二二六～二三四）によった。
・経生（経師・装潢・校生）としての従事歴は太字で表示し、その具体的動向は表2に譲る。

などが挙げられる。とくに、㋐の一群は全体の半数以上を占める大集団であり、この知識結の最も大きな特徴といえる。

㋐は、安都雄足に続いて、上馬養・勝屋主・安都犬養・安都水通・工広道（3行目上～5行目上）という五人の名が見え、これに続いて、多数の経生の名がほぼ固まって見えている。この経生の一群は、表2に明らかなように、当該期における写経事業のうち、Dの写経に従事した者が集中しているのである。Dへの経生としての参加が確認できないのは、上馬養（3行目上）と阿刀乙万呂（30行目下）と船大訳（32行目下）の三名であるが、この三人は上記したように、写経所などで案主・領や雑使として従事することの方が多く、その職務を担当する合間に写経作業も行ったと考えられるので、本来の職務は事務官であったとみた方がよい。すると、知識に結集した経生は、全員がDの写経に従事していたことになるのである。

筆頭に名が見える安都雄足は、上記したように、「交名」の筆跡や寄進物の独自性から見て、これを起草した人物であり、この知識結の中心的存在として、他の参加者からの寄進を取りまとめたと考えられる。知識結集の推定時期は、雄足が造東大寺司主典に在任し、各部署の別当をも兼任していた頃であるが、それは彼の経歴のうち、造東大寺司において人員の管理・差配能力を存分に発揮した時期であった。このような立場にいたことが、知識結の中心的存在となったことの大きな要因であると考えられる。そして、雄足に続く五名のうちの安都犬養・水通は、雄足と同族者とみられ、他の三人（上馬養・勝屋主・工広道）は、Dの写経事業が行われた時期に、雄足のもとで案主・領や雑使として写経所の事務に深く関わった人物である。とくに、案主の上馬養と勝屋主は、写経所の人員管理や作業現場の指揮を務める立場であり、経生に寄進を呼びかける存在として相応しい。するとこの知識結は、Dの写経事業の運営期間中に、まず雄足が比較的身近な存在であった上記五人に呼びかけたことが起点となり、この五人が中心となって経生たちに知識を募ったのであろうと想定することができる。

また、㋑と㋒も、出向先を同じくする小集団である。㋑は、当該期より前の勝宝年間に、ともに造講堂（院）所へ出仕している者である。この二人の当該期における動向は明確ではないが、勝宝年間の動向から見て、おそらく出向先を同じくする者同士であることによって、同時に知識として寄進したのであろう。㋒も、造大殿所と木工所の出向者三名であり、ともに木工関係の部署である点で共通する。[22] したがって彼らは、専門技術を同じくし、工匠を率いる立場であった者同士で寄進を行ったものと見なし得る。

さらに、㊁の二人も、㋐と同様に写経所関係者である。表3に示したように、この二人はDの写経事業期間にも写経所で雑使を務めている。この二人だけが㋐の一群と隔離したような形で「交名」に記名されているのは、㋐の人々とは別のルートで知識結の情報を知ったからなのか、寄進した時期が少し遅れたためか、定かでない。ただ、興味深いことは、年未詳の「大原国持請物解」(23)では、この二人が一緒に署名していることであり、公務上の結びつきを窺わせるのである。知識結において、この二人がともに寄進額一〇文となっていることも、二人の親近な仲を思わせるものがある。

㋐を除く28行目下以降の人々は、必ずしも写経所との関係が確認できるわけではなく、安都雄足が別当を務めた部署に限るわけでもない。これらの人々の当該期における造東大寺司での経歴を見ると、写経所以外の部署で領や雑使などの事務を担当する職務が目立つ。彼らのような事務担当者は、複数の部署で同様のポストを担当する場合が多く、上位官司である造東大寺司の政所にも頻繁に出入りし、現場と当司中枢の連絡を担っていたと考えられる。写経所で勧募に当たったと目される上馬養・勝屋主・工広道も、同様の存在形態であるところを見ると、彼らと面識を持つ機会は多くあったはずである。すると、写経所で勧募に当たった上記三人の事務官は、その職務上の縁故によって、他の部署の出向者にも呼びかけることができたと考えられる。知識に関する雄足からの要請が、丁度写経所への出仕時期であったために、写経所関係者の寄進が顕著になったとみられるのである。

ところで、表2のDの金剛般若経一二〇〇巻の写経事業は、宝字二年(七五八)八月十六日の大保(右大臣・藤原仲麻呂)の宣によって開始されたものである。この事業では、写経の全工程のうち、装潢作業は軸や綺の取り付けが翌三年四月末頃までかかったらしいが、書写作業は二年十一月四日頃に、校正作業は同月七日頃にそれぞれ終了したようである。また、この写経事業は、本来Bの写経と一連の事業計画であったが、急遽Cの写経が命じられたことにより、これの終了に伴って写経所を離れた者が多く、再度参集させることや新規の経生の召集などに困難があったことなども指摘されている[24]。

Dの写経に従事した経生には、Eの写経にも再び従事した者がいるが、阿弥陀悔過知識参加者に限ると、五人しか確認できない（表2参照）。しかも、Eは宝字四年（七六〇）正月に開始されたものであり、Dが終了してからこの時までは、経生が参集する必要はなかったはずである[25]。したがって、Dに従事した経生たちは、作業が終了した時点で、順次本属へ戻るなどして写経所を離れたと考えられる。

このように見てくると、Dの写経に従事した経生が阿弥陀悔過知識に参加できた時期は、自ずと絞られてくる。経生たちの多くが知識に参加したのは、各々作業を終えて写経所を離れる前であろうから、書写・校正作業が終了した宝字二年十一月七日頃より以前とみなければならず、同年九月〜十一月の約二ヵ月間にまで限定できるのである。写経所関係者以外の人々による寄進は、それより遅れる可能性があるとしても、あまり下らない時期になされたとみてよく、知識結の大半は、この約二ヵ月の間になされたと考えてよかろう。

以上のように、この知識結には、族縁による人間関係だけでなく、事務官の同僚意識や各「所」における人々の結びつきが見出せるのであり、造東大寺司における官人社会の構造が如実に反映されていることは明らかである。阿弥陀悔過知識の結集は、写経所別当を務めていた安都雄足が、同族者や職務上深く関わる写経所の事務官（案主など）らへ呼びかけ、これによって多くの写経所関係者が知識として参加することになったのである。そして、事務官であった上馬養・勝屋主・工広道らは、その職掌上の縁故によって他の部署の人々へも寄進を募ったとみられる。したがって、知識の結集においては、中枢と複数の現場を連絡する事務官人（別当・案主・領など）が主導的な役割を果たしたことが分かる。写経所関係者、とくに経生の参加が顕著に見られるのは、事務官の役割と勧進に当たった時期を上記のように考えれば説明がつく。これらのことは、「交名」の筆跡の特徴、すなわち、一人〜三人程度の筆により、ある程度の時間差をもって書き継がれていったと考えられることとも矛盾しないであろう。

第四節　造東大寺司における官人社会の特性

次に、阿弥陀悔過知識に参集した人々から窺える、造東大寺司における官人社会の構造と特質を、知識大般若経の例との比較を通して検討する。

知識大般若経とは[26]、宝字二年八月十九日の勅命によって開始され、官人らが一人一巻ずつ、自写するか写経料を支払って他人に依頼するかして、知識に参加したものである。各官司からは、所属官人の参加者リストが提出されたようで、これをもとに知識である各官人に対して、『大般若波羅蜜多経』巻一〜六〇〇から担当巻次が割り振られた。このことは、造東大寺司から提出された参加者名簿である宝字二年八月二十八日付の造東大寺司解（案）[27]によって判明する。

表5に示したように、造東大寺司解（案）にリストアップされた官人名は、まず本属の官職ごとに

分類され、さらにその中で位階順に並べられており、律令的官位序列が重視されたことが窺える。ここに見える造東大寺司からの参加者には、当司直属の者と他官司からの出向者がいるが、後者の造東大寺司での職務は事務職が多く、経生などの現業職員は少ない。このことから山下氏は、造東大寺司の行政運営の中心は、当司職事官や史生および各部署を管理・指揮する別当や案主・領などであったと指摘される(28)。このような事務官たちは、他官司に本属を持つ身であっても、造東大寺司に長期的に出仕する場合が多く、中枢（政所）にも頻繁に出入りすることから、造東大寺司構成員として捉えられたようである。

一方、経生のような各「所」に現業職員として従事する者は、造東大寺司構成員ではなかったことになる。「所」は、厳密にいえば官司ではなく、従来から指摘されているように、「ある目的のために、場所・施設・物資・銭などの物的財貨（生産手段）と、そこに必要な人材（労働力）を、必要なだけ、必要な期間だけ、集めて編成するプロジェクトチームである(29)」と考えられる。四等官は置かれず、上位官司の判官・主典や史生が別当を兼任して運営責任者となり、そのもとでは、現場の指揮や事務管理を担当する事務官と、現場作業を行う現業職員が配属された。その多くは、中央官司の史生・舎人・使部・工部や散位から召集され、白丁身分から採用されたケースも少なくない。

さて、阿弥陀悔過知識に参集した人々は、安都雄足を除くと、四等官や品官などの職事官が一人もおらず、造東大寺司政所や各「所」の雑務を担当する事務官と、現業職員である経生ばかりなのであり、官職は、史生や散位などの雑任と白丁身分の者しか確認できないのである（表4参照）。知識大般若経の場合と比較すると、事務官が参加している点では共通するが、職事官層が雄足以外におらず、

表5　造東大寺司から知識大般若経に参加した人々

造東大寺司解（案）の記載内容				造東大寺司での職務	
巻次	人名	官職	位階	役職名	典拠（大日古は巻・頁数のみ）
九一	高麗朝臣大山	造東大寺司次官	従五下	—	—
九二	河内画師祖足	造東大寺司判官	外従五下	—	—
九三	上毛野君真人	造東大寺司判官	外従五下	—	—
九四	下曰佐若麻呂	造東大寺司判官	正六下	—	—
九五	葛井連根道	造東大寺司主典	正六上	—	—
九六	美努連奥麻呂	造東大寺司主典	従六上	—	—
九七	阿刀連酒主	造東大寺司主典	従六上	—	—
九八	安都宿禰雄足	造東大寺司主典	正八上	—	—
九九	益田縄手	造東大寺司大工	外従五下	—	—
一〇〇	路虫麻呂	造東大寺司長上	正六上	—	—
一〇一	土部（師？）七忍	造東大寺司長上	正六下	—	—
一〇二	川原蔵人人成	造東大寺司史生	正七下	—	—
一〇三	土師宿禰名道	造東大寺司史生	従七上	—	—
一〇四	委文宿禰伎美麻呂	造東大寺司史生	正八下	—	—
一〇五	阿刀造与佐美	造東大寺司史生	正八下	—	—
一〇六	河内画師年継	造東大寺司史生	正八下	—	—
一〇七	麻柄勝首全麻呂	造東大寺司史生	従八上	—	—
一〇八	（欠損）	（欠損）	（欠損）	—	—
一〇九	秦伊美吉益倉	造東大寺司史生？	大初上	—	—
一一〇	土師宿禰男成	造東大寺司史生？	大初上	—	—

一一一	賀陽臣田主	造東大寺司史生？	大初上	―	―
一一二	今来人成	造東大寺司番上	少初上	―	―
一一三	高乙虫	造東大寺司番上	無位	―	―
一一四	志斐連麻呂	造仏司主典	従六下	別当？	四ノ四〇九（山下註8著書参照）
一一五	猪名部百世	木工寮長上	正六上	木工？	二五ノ二三九、大仏殿碑文（要録）
一一六	建部広足	左大舎人	正七上	案主	一三ノ二四四・三四〇
一一七	能登臣忍人	左大舎人	従七下	装潢	四ノ三一一、一四ノ四四
一一八	玉手朝臣道足	左大舎人	正八下	領・雑使？	四ノ四一二、一五ノ一八六・三六七、一六ノ一三
一一九	能登臣男人	左大舎人	従八上	画師	一二ノ二四三、四ノ四四三、一六ノ三一五
一二〇	日置広庭	左大舎人	少初上	案主	四ノ三七〇
一二一	塩屋連男光	左大舎人	少初上	領？	四ノ三七三
一二二	伊部造子水通	右大舎人	少初上	雑使？	四ノ一〇九・一一〇、一六ノ九二・一二三・一二九・一三〇
一二三	他田水主	坤宮官舎人	正八下	案主？	二五ノ一五九、一四ノ四二三〜四二四、二五ノ二七二
一二四	雄橋君石正	散位寮散位	正八下	算師？	四ノ三九三
一二五	勝部小黒	散位寮散位	正八下	（不明）	二五ノ二四〇以外に見えず
一二六	葛井連荒海	散位寮散位	従八上	雑使？	三ノ四〇二、一六ノ五六七・五六九
一二七	大石阿古麻呂	散位寮散位	従八上	領・雑使	二五ノ一六〇、四ノ一〇九・二七六・二七七、一三ノ三五七
一二八	上村主馬養	散位寮散位	従八下	領・案主	表3参照
一二九	坂本朝臣上麻呂	散位寮散位	従八下	領？	四ノ三七三、五ノ一二七・一九一・三七八
一三〇	田中朝臣国足	散位寮散位	大初上	案主？	三ノ五三八

一三一	阿閇臣乙麻呂	散位寮散位	大初下	（不明）	一四ノ二三六・二七七以外に見えず
一三二	守君蓑麻呂	散位寮散位	少初下	雑使？	二五ノ一三三、一六ノ三一八
一三三	竹田真弓	武散位	大初下	雑使？	四ノ八七、一四ノ一七一、一六ノ三一八
一三四	鴨僧麻呂	留省	従八下	（不明）	他に見えず
一三五	息長丹生真人常人	未選	—	領・仏工？	四ノ二六八、一三ノ二三六
一三六	暑田部国勝	未選	—	（不明）	他に見えず
一三七	筑紫虫麻呂	未選	—	（不明）	他に見えず

現業職員が大半を占めている点で、大きく異なっているのである（図参照）。

双方に参加している事務官は、造東大寺司構成員として把握される反面、構成員の中でも底辺に位置する役職であり、官職も各官司の雑任であることから、実態としては現業職員たちと同様の存在形態といえる。律令官僚制における職事官と雑任とでは、長上官であるか番上官であるか、さらに官位相当に属するか属さないかという大きな差がある[30]。しかし、雑任クラスと写経所などに出仕できた白丁身分の人々とでは、官人再生産システムの枠組みにおいても、社会的な存在形態においても、大差はなかったと考えられる。阿弥陀悔過知識結は、複数の「所」を行き来する事務官たちの連携と、「所」を媒介とする人々の交流によって結集されたものと考えられるが、それは、雑任・白丁層によって形成された官人社会の構造を反映したものなのである。

上記したように、写経所には、民間から同族者や地縁者を頼って出仕に預かる者がいたようである。ただ、写経所出仕者に同族者が存在するとしても、管理責任者などへの口利きがなければ意味がない。

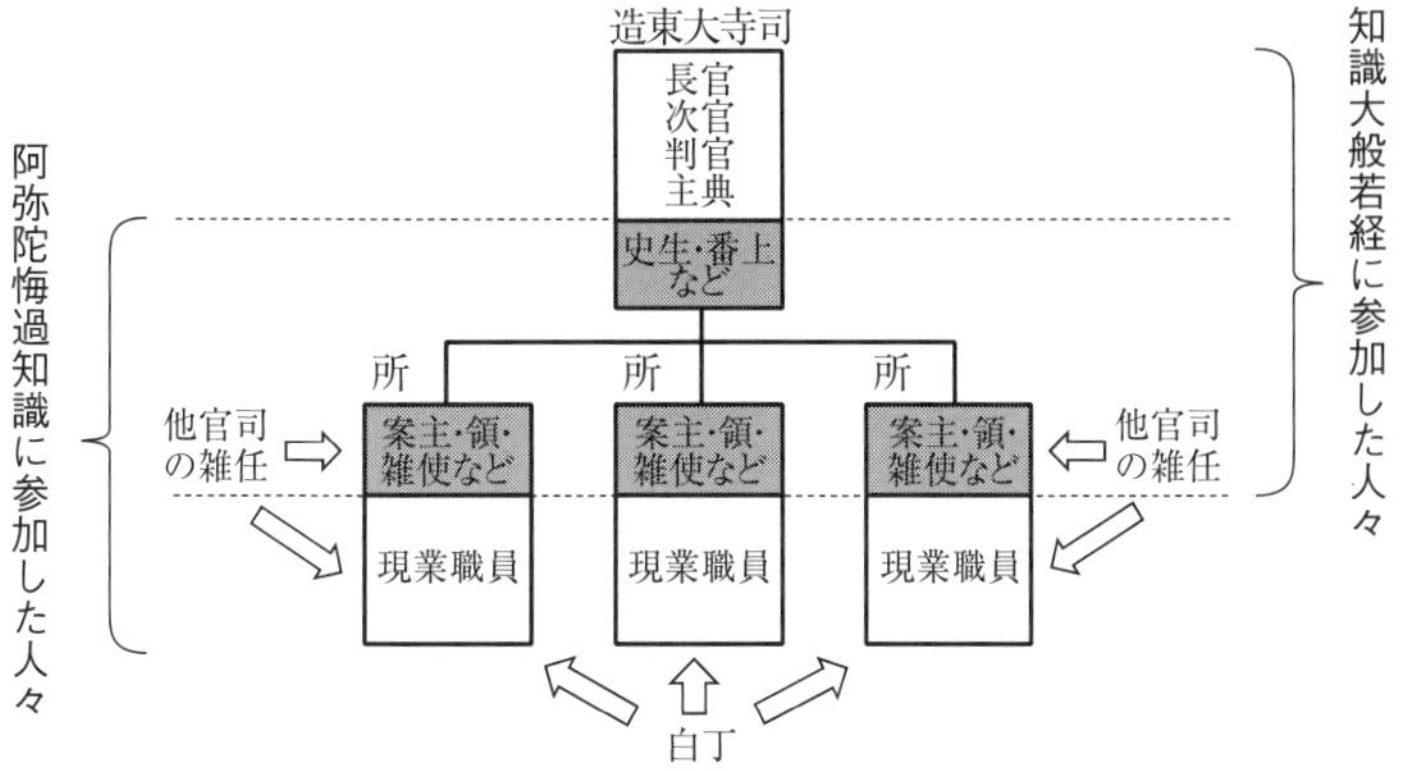

図　造東大寺司の内部構造と知識参加者の比較（網かけ部分は事務官）

安泰な官途を志向する雑任・白丁身分の人々にとって、職事官層の圏内にも繋がりを持つ事務官は、是非とも繋ぎ止めておきたい人脈の所有者であったはずである。したがって、「所」への出仕や官位昇進などの実態は、単に族縁や地縁関係のみならず、かかる官人社会の構造も考慮すべきであろう。

また、造東大寺司構成員は、知識大般若経の分担において、官位序列によって担当巻次が割り振られていることから、律令的官僚秩序の枠組みに包摂される存在であった。しかし、現業職員たちは、造東大寺司管下の出向先においては、その秩序が反映されなかった可能性がある。実際、「交名」に見える人々の位階を見ると、写経所の別当を務める安都雄足は正八位上であるが、彼より上の位階を有する者が経生として見え（9行目下）、自分より位階が低い者の指揮下で写経を行っていたことになる。写経所の案主・領であった上馬養・勝屋主にしても、経生より位階が高かったわけでは決してない。また、宝字六年（七六二）七月二十五日付造石山院所解(31)によると、長上工として従六位下の船木直宿奈万呂が見えるが、彼の「遷竪板屋六宇」という行事は、従八位上の下道主の「令遷竪板屋六宇」という行事と一致し、宿奈万呂が道主の指揮下にいたことが分かる。さらに造大殿所でも、この時少初位上であった阿刀与佐美のもとで、ともに正六位上である益田縄手と小田広麻呂が大工・少工として出仕しており[32]、同様の事例として認められる。したがって、このような組織内部の体制は、各「所」に共通するものであったと考えてよい。普通、官人社会といえば、官僚制秩序による階級的な社会構造をイメージしやすいが、「所」では、限られた期間とはいえ、官位身分による統制を受けない比較的柔軟な社会秩序が形成されていたのではないかと想定されるのである。写経所での白丁身分者の登用において強い閉鎖性はなかったという指摘[33]も、このような推測を逞しくさせる。

このように「所」は、所属官司や氏族などによる人間関係が複合的に交錯し、位階や官民身分にも捉われずに交流し合える空間であった。そして、上位官司や各「所」との間を連絡する事務官たちが介入することによって、さらに広汎な人脈や情報網が構築されていたと考えられる。雑任・白丁層の人々は、官人として、または都市住民として生きていくすべを、このような社会を介して共有し合い、情報交換し合っていたのではなかろうか。馬場氏は、写経所において噂が飛び交う様子や出世・昇進に際してのコネクションの重要性を指摘し、「噂とコネ」によって生きた官人の姿を想定された[34]。造東大寺司における官人社会の構造が上記のような性格を有し、それが阿弥陀悔過知識のような人々の結集を可能にしたことを考え合わせると、馬場氏の想定は、十分信憑性を帯びるものとなるであろう。

おわりに

知識に参加した人々が、阿弥陀悔過の目的や儀礼内容、さらに阿弥陀信仰に関する思想・教学的な知識を、どれほど共有し得たのかは分からない。しかし、知識大般若経のように、官人統制を目的とした半強制的な参加ではなく、実社会の人間関係によって参加しているところを見ると、ある程度の主体性を認めてよいように思われる。少なくとも、知識に預かることの意味、すなわちある宗教的営為を目的とする施捨によって功徳が得られることは、それぞれ認識していたであろう。

彼らが阿弥陀悔過という王権に関わる仏事に知識として参加し得たことは、国家的な仏教信仰というものが、下級官人や民間人たちにとってそれほど縁遠いものではなかったことを示している。知識の結集過程から窺える官人たちの交流と情報網を考慮すると、政治・社会情勢における仏事の意義や国家行政に関するさまざまな情報を、彼らは少なからず知り得たはずである。臨時的なものとはいえ、造東大寺司を媒介とする官人社会は、本属・身分・出自を超えて交流し、知識を共有し合える、貴重な情報供給の場となり、国家機構と民間との狭間に位置する空間として、中央への窓口、そして民間への捌け口ともなっていたのである。このような空間が持つ社会的特性は、雑任・白丁層の人々が、官人として出世コースを歩み、中央の流通経済に依拠した都市生活を平穏に送る上で、有効に機能したと考えられるのである。したがって、王権・国家による仏教政策の社会的影響過程を具体的に見ていく上で、かかる官人社会が極めて重要な視角になることは、もはやいうまでもなかろう。

註

（1）山本栄吾「福寿寺考（上）・（下）」（『藝林』七巻一・二号、一九五六年）、竹居明男「東大寺の阿弥陀堂――同寺蔵『阿弥陀悔過料資財帳』の一考察――」（同『日本古代仏教の文化史』吉川弘文館、一九九八年、初出一九七八年）など。

（2）中野聰「智光と光明皇后」（同『奈良時代の阿弥陀如来像と浄土信仰』勉誠出版、二〇一三年、初出二〇〇二年）。

（3）竹内理三「上代に於ける知識に就いて」（『竹内理三著作集第一巻　奈良朝時代に於ける寺院経済の研究』角川書店、一九九八年、初出一九三二年）、井上薫「仏教の浸透」（竹内理三編『古代の日本第一巻　要説』角川書店、一九七一年）、薗田香融「古代仏教における宗派性の起源」（同『平安仏教の研究』法藏館、一九八一年、初出一九七二年）、中井真孝「共同体と仏教」（同『日本古代仏教制度史の研究』法藏館、一九九一年、初出一九七四年）、勝浦令子「光覚知識経の研究」（同『日本古代の僧尼と社会』吉川弘文館、二〇〇〇年、初出一九八五年）、若井敏明「行基と知識結」（速水侑編『日本の名僧二　民衆の導者　行基』吉川弘文館、二〇〇四年）、川尻秋生「寺院と知識」（上原真人他編『列島の古代史〈ひと・もの・こと〉三　社会集団と政治組織』岩波書店、二〇〇五年）など。

（4）須原祥二「藤原豊成書状をめぐって」（『正倉院文書研究』6、一九九九年）、杉本一樹「藤原豊成書状の年紀について」（『正倉院文書研究』7、二〇〇一年）、若井敏明「行基と知識結」（註3前掲）など。

（5）鬼頭清明「高屋連赤万呂の世界」、同「安都雄足の活躍」、同「上馬養の半生」（いずれも同『日本古代都市論序説』法政大学出版局、一九七七年）。

（6）大平聡「宴開いて水に流して――写経所職員の共同体意識――」（『奈良古代史論集』三集、一九九七年）。

（7）馬場基「上咋麻呂状と奈良時代の官人社会」（『奈良史学』二三号、二〇〇五年）。

（8）山下有美『正倉院文書と写経所の研究』（吉川弘文館、一九九九年）。

（9）山本幸男「天平宝字年間における経師・装潢・校生の動向――一覧表の提示――」（『相愛大学研究論集』一一巻、一九九五年）。

(10) この規則性は完全ではなく、一部不揃いの箇所があるが、二九行目は上段を佐為石村の一名、下段を呉服息人と田井男足の二名と見ると、他はすべて一行に上・下段一名ずつとなる。

(11) 大日古は、34行目上の語部三田万呂の寄進額を「九文」と翻刻するが、マイクロフィルムでは「五文」と読める。

(12) 関根真隆『奈良朝食生活の研究』(吉川弘文館、一九六九年)の附表1を参照。

(13) 岸俊男「東大寺をめぐる政治的情勢——藤原仲麻呂と造東大寺司を中心に——」(同『日本古代政治史研究』塙書房、一九六六年、初出一九五六年)、関根淳「藤原仲麻呂と安都雄足——岡寺をめぐる考察——」(『続日本紀研究』三〇四号、一九九六年)。

(14) 山本幸男「造東大寺司主典安都雄足の「私経済」」(『史林』六八巻二号、一九八五年)。

(15) 山本栄吾「福寿寺考」(註1前掲)、竹居明男「東大寺の阿弥陀堂」(註1前掲)など。

(16) 雄足の経歴については、岸俊男「越前国東大寺領庄園をめぐる政治的動向」(同『日本古代政治史研究』塙書房、一九六六年、初出一九五二年)、同「東大寺をめぐる政治的情勢」(註13前掲)、吉田孝「律令時代の交易」(同『律令国家と古代の社会』岩波書店、一九八三年、初出一九六五年)、鬼頭清明「安都雄足の活躍」(註5前掲)、山本幸男「造東大寺司主典安都雄足の「私経済」」(註14前掲)、小口雅史「安都雄足の私田経営——八世紀における農業経営の一形態——」(『史学雑誌』九六編六号、一九八七年)、関根淳「藤原仲麻呂と安都雄足」(註13前掲)、山下有美「安都雄足——その実像に迫る試み——」(栄原永遠男編『古代の人物3　平城京の落日』清文堂、二〇〇五年)などを参照。

(17) 大日古は、東大寺所蔵「阿弥陀悔過料資財帳」(五ノ六七一～六八三)の年紀により、「交名」を神護景雲元年(七六七)頃のものとして類収するが、従えない。なお、雄足が宝字八年正月以降に姿を消してしまうことについては、この時期の政局において藤原仲麻呂派に与したことにより、政界から粛清されたという説が有力視されている。

(18) 『新日本古典文学大系』による。

(19) 『新日本古典文学大系　続日本紀三』の同条補注(五三三～五三四頁)、柳雄太郎「『続日本紀』の編纂関連史

料——正倉院文書孝謙天皇詔勅草について——」(『続日本紀研究』二〇〇号、一九七八年)を参照。
(20) 山本幸男「天平宝字年間における経師・装潢・校生の動向」(註9前掲)。
(21) 田辺真人状(正集四四、二二ノ三七三)、土師名道啓(続々修四ノ二一、一六ノ一一二8~12)、「一切経司主典念林老人経師貢進文」(続々修三九ノ一裏、一七ノ一九八)などを参照。
(22) 勝宝八歳二月二十七日付「造大殿所解」(丹裏文書九六号外包表、二五ノ一四七)には、大工や少工の上日が報告されている。大殿とは、おそらく東大寺金堂(大仏殿)のことであろう。
(23) 所属不明、二五ノ二四四~二四五。
(24) 山本幸男「天平宝字二年の御願経書写」(同『写経所文書の基礎的研究』吉川弘文館、二〇〇二年、初出一九九三・九四・九五・九六年)。
(25) 山下有美『正倉院文書と写経所の研究』(註8前掲)によると、宝字三~四年頃は写経所の活動が中断されていたという(一一三頁)。
(26) 知識大般若経については、宮﨑健司「天平宝字二年の写経」(同『日本古代の写経と社会』塙書房、二〇〇六年、初出一九八九・九一年)、山本幸男「天平宝字二年造東大寺司写経所の財政運用——知識経写経と写経所別当の銭運用を中心に——」(『南都仏教』五六号、一九八六年)、同「天平宝字二年の御願経書写」(註24前掲)を参照。
(27) 続々修一八ノ三19裏、四ノ三九七~三九八+続修別集四七⑧、四ノ二九三~二九六。
(28) 山下有美『正倉院文書と写経所の研究』(註8前掲)三四〇~三四五頁。
(29) 山下有美『正倉院文書と写経所の研究』(註8前掲)三五一頁。
(30) 野村忠夫『官人制論』(雄山閣出版、一九七五年)、青木和夫「律令国家の権力構造」(同『日本律令国家論攷』岩波書店、一九九二年、初出一九七六年)。
(31) 続修九⑨裏、未収+続々修四七ノ四②、二五ノ二四六9+続修九①裏、未収+続修九⑤(2)裏、未収+続修九⑤(1)裏、未収+続々修四六ノ七⑤裏、一五ノ八五+続修九⑥裏、未収。この史料の復原および翻刻は、岸俊男「但波吉備麻呂の計帳手実をめぐって」(同『日本古代籍帳の研究』塙書房、一九七三年、初出一九六五年)を参照。

(32)「造大殿所解」(註22前掲)を参照。

(33) 中村順昭「律令制下における農民の官人化」(同『律令官人制と地域社会』吉川弘文館、二〇〇八年、初出一九八四年)。

(34) 馬場基「上咋麻呂状と奈良時代の官人社会」(註7前掲)。

第三章　造東大寺司における僧俗関係

はじめに

『万葉集』巻一八の第四〇八五番[1]には、次のような歌が収録されている。

夜伎多知乎　刀奈美能勢伎爾　安須欲里波　毛利敝夜里蘇倍　伎美乎等登米牟（焼き大刀を砺波の関に明日よりは守部遣り添へ君を留めむ）

天平感宝元年五月五日、饗二東大寺之占墾地使僧平栄等一。于時守大伴宿禰家持、送二酒僧一歌一首

これは、天平感宝元年（七四九）五月五日に、東大寺僧平栄が寺地の開墾に関する使として越中の砺波の関に赴き、同国守大伴家持から饗宴に招かれて酒を贈られた時の歌である。平栄は、東大寺において主に寺家の事務を担当していたらしく[2]、実務上における官人との交渉が多かったことが想像される。たとえ僧と俗という本来接触が制限されるべき間柄[3]であろうとも、僧が俗的な実務に関わる場合には、官人たちと酒宴で同席し、酒を酌み交わすなどのこともあったのである。

写経所官人など中央に出仕する下級官人の多くは、在地で私的法会を営む際に僧尼を屈請していた

と考えられる(本書第一章参照)が、その背景にある縁故について想定する場合に、先の平栄の例は重要な問題を提起している。すなわち、官人や僧たちの具体的動向から、僧俗間における実務的接触と、それによって発生する公務上の交流を超えた関係を、詳細に見ていくことの必要性である。

このような縁故の問題については、優婆塞貢進の問題[4]にも関連する。よく知られているように、天平期における大量得度を背景として、民間からの得度者が多く見られた。得度者の中でとりわけ目立つのは、畿内および地方の在地富豪層である。これまでは、中央官司に出仕する下級官人層が貢進者として引き合いに出されることはあっても、元来仏教への造詣が深い渡来系氏族であるとか、大量得度による出家などとして片づけられてきた憾みがある。そのため、貢進者＝官人と僧界との縁故に関する問題は、置き去りにされてしまっているのである。

例えば、写経所で主に事務を担当していた他田水主の戸口である豊人は、元興寺僧を師主とする沙弥実進として、天平二十年(七四八)にその名が見える[5]。また宝亀三年(七七二)には、写経所の案主等を歴任した上馬養の戸口が、優婆塞として貢進されている例もある[6]。後者の時期を考えると、大量得度によるものとして説明することはできず、近親者の経歴から生じる僧界との縁故によるものと想定される。あるいは、造東大寺司における貢進制度の存在が機能していると考えることもできるが、逆に僧が、経師など写経所への出仕者を貢進している例[7]も確認できる。したがって、僧界と写経所官人たちの繋がりが近親者の出家への道を開いた可能性を、やはり想定すべきである。さらにいえば、自身が出家したと思われる辛国人成[8]と物部多能[9]は、出家以前に写経所との関係が確認できるが、その経歴上の結びつきが出家後も維持され、僧界と写経所との緊密性がより強化されるであろうことも想像できる。このように、優婆塞貢進においても、中央行政における僧俗関係という問題は、もっと重視されなければならないのである。

正倉院文書には、官人だけでなく僧尼も多く登場し、両者の頻繁な交流を想像することはそれほど難しいことではない。そのため、今さら改めて詳しく論じる必要はないと思われるかもしれない。しかし、正倉院文書から窺える僧俗関係は、おそらくこれまで漠然と考えられていたにすぎず、その実態や発展過程の具体的な検討は全くなされてこなかったといえる。したがって、国家による仏教政策の展開と僧俗関係の緊密化がいかにリンクするのかも含め、その実態をできる限り具体的に明らかにしておくことは重要と考える。

そこで本章では、造東大寺司および管下の写経所における実務上のやりとりを具体的に検討し、僧俗関係の発展過程について考えてみる。

なお、造東大寺司はその名の通り東大寺を造営する官営機関であるが、東大寺との組織上の関係は必ずしも明確ではない。一般的には、財政・人事等の行政構造は峻別された組織とされているが[10]、景雲四年（七七〇）〜宝亀二年（七七一）頃、東大寺僧が造寺司内部の実務運営に介入していた時期がある[11]。ただ、この運営体制はほんの一時期であるため、そこから窺える僧俗関係が、造東大寺司の運営期間全般にわたっての実態であると考えることはできない。よってここでは、両者を別の組織として扱っていく。

第一節　僧正美状

正倉院文書として現存するものの大半は、文書主義に基づく行政によって写経所で作成ないし集積され、保管された文書・帳簿である。その性格上、僧俗間の親密性や私的な関係を直接明示するような実態は、必然的に表面に出てきにくい。このため、実務上の接触・交流から私的交渉を行い得るまでの親密化の過程を、具体的に読み取ることは容易ではない。しかし、次に掲げる僧正美状（続修別集四八、五ノ三二八〜三二九）は、その発展過程の一端を示すものとして重視したい。

謹　通下案主御所
奉別以来、経数日、恋念堪多、但然
当此節、摂玉躰耶可、但下民
僧正美者、蒙恩光送日如常、
但願云可日、玉面参向奉仕耶、
一　佐官尊御所申給、勢多庄
　　北辺地小々欲請、又先日所
　　進大刀子、若便使侍者、付給
　　下耳、若无、後日必々請給、
春佐米乃　　阿波礼
　　　　　天平宝字六年閏十二月二日
　　　　　　　　下僧正美謹状

これによると、惜別の念に堪えながら機嫌を伺い、再会する機会を願う旨、および「佐官尊」に勢多庄の北辺の地を少々譲ってほしい旨、また、先日お渡しした大刀子は、もし丁度使がいたならば付してください、いなければ後日に必ずいただきたい、という旨が見える[12]。この書状は、「下案主御所」、すなわち造石山寺所で案主を務めていた下道主に消息を伺う挨拶から始まっている。「佐官尊」とは、造東大寺司主典で造石山寺所別当を兼務した安都雄足であるが、彼は、勢多に私宅を持ち、その周辺に私田を経営していたらしい[13]。その地を少しばかり譲り受けたい旨を伝えてほしいこと、および大刀子を返却してほしいことは、ともに道主に依頼しているものと解せられる。「春佐米乃　阿波礼」という文言や全文朱書で記されている点が不思議なのであるが、この文章には、書儀としての言い回しがあるにしても、石山寺僧正美と道主との親密性が如実に表れている。その親密性について少し考えてみよう。

正美の動向を辿ると、造寺所との間で斧や米などの貸借を度々行っており、その際の相手が、造石山寺所案主の下道主であった場合も確認できる（表1）。留意すべきは、正美はあくまで寺家ないし上院という組織に仕える立場から、造寺所と物資の貸借・立替えなどの実務的な交渉をしている点である。鷺森浩幸氏は[14]、造石山寺所と石山寺が、とくに財政面で明確に区別されていたことを指摘し、東大寺も石山寺も、造寺司（所）とは峻別された組織であったことを確認されている。この点に異論はないが、造石山寺所は造東大寺司被管の「所」であって、四等官制も採られないため、文書行政による事務処理を徹底するとなれば、上位官司の決済が必要になり、石山と奈良との間を頻繁に往復しなければならない。このため、実務を円滑に遂行するには限界があり、現実的には、外部との交渉も常に現場の裁量によって対処せざるを得ないのである。実際、造石山寺所と石山寺との間では、銭や物資のやりとりが幾度となく行われていたようである。例えば、僧神勇充銭注文[15]からは、寺家側が造寺所の銭の要請に対して、使の下道主に一〇貫を奉充していることが知られるが、奥には造寺所が計五〇貫を納めた旨が追記されており、幾度かにわたって寺家から銭を納入していたことが分かる。また、造寺所側が上寺＝寺家に対して米等を借充（貸与）する場合も、造石山寺所食物用帳や造石山寺写経所食物用帳などに多く記録されている。[16]さらに、鷺森氏も言及されるように、造寺所官人が寺家

表1　正美の動向（日付はすべて宝字六年）

月・日	内容	備考	大日古
正・十九	斧一柄を暫く借りたい旨を（造石山院所宛に）記す		一五ノ三〇七
正・二十二	上院が造寺司政所へ、寺内で用いる太平（呉斤）を写し作るために請う旨を牒し、正美が日下に署名する	「大僧都御宣」による牒	五ノ六七～六八
正・二十二	上院が、斧二柄を暫く借りたい旨を記し、正美が日下に署名する	異筆「依状充如員付男成」あり	一五ノ三〇九
六・二	（造石山院所が）上寺へ米を支給する際の使となり、白米五斗を付される	支給帳簿の記録者は下道主	一五ノ二四八～二四九・四一〇
六・五	上院が造寺司へ、白米二斗一升を請う旨を牒し、正美が日下に署名する（ただし欠損）	異筆「依員充遣如件、附国守家万呂／上□□（馬養カ）」あり	一五ノ四六八～四六九
十・五	米を買うための銭二〇〇〇文を請う旨を啓し、下道主に四貫を充てられる	異筆「先日受弐仟文」あり	五ノ二八四
不明	仏堂・僧房・経蔵の塗料として用いる藁四四五囲のうちの一三囲を進める		一六ノ二四四

側の造仏作業に従事するなど、寺家は造寺所の造営技術にも依存していた。したがって、造石山寺所は石山寺との間で、上位官司＝造東大寺司の決済によらない独自の判断で、実務上の直接交渉や相互扶助的な連携を頻繁に行っていたのである。正美と道主は、このようなやりとりを通じて親密な関係を築いたものと考えることができる。このように見てくると、造石山寺所はごく短い運営期間であったが、僧俗関係の緊密化を促進する余地が十分あったといえる。

では、造東大寺司と東大寺の場合にも同様のことがいえるであろうか。造石山寺所は、他の「所」に比して上位官司からの独立性が強いともいわれており[17]、写経所でも同様の実態をただちに想定することは危険である。そこで、写経所の外部との実務交渉を最も具体的に示す、仏典の奉請という問題を切り口にして、ここから読み取れる僧俗関係の実態を検討していこう。

第二節　仏典奉請に見る写経所官人と僧

1　仏典奉請に関する史料

造東大寺司写経所の事務帳簿はさまざまな種類のものがあり、そのうち僧尼の名が多く見られるのが、仏典の奉請に関する史料である[18]。奉請とは、貸出と借用の両方の場合に使用される特殊な用語で、主に仏典などの移動を意味する。写経所から見れば、写経を行う際に外部から本経を借用する場合と、外部から請求を受けて貸し出す場合がある。

仏典奉請に関する史料は、大きく分けて、奉請文書と出納帳がある。奉請文書は、借用や返却を依頼する請求状とそれに対する送付状、受取の確認を報告する返抄などがあり、管見では、現存する奉請文書は五〇〇点近くにのぼる。

これに対して出納帳は、仏典貸借の管理を行うための帳簿で、複数の奉請の情報を写経所で記録し続けるものである。奉請文書と違い、相手方との間を行き来せず、奉請の際ごとに単独の文書として作成も保管もされない。中には少数の奉請記録しか記していないものもあるが、長大帳簿として作成・保管される場合が多く、仏典を保管する櫃ごとに、あるいは、写経所の事務官や写経事業の種類によって別々に作成されることもあるようである。大抵のものは、借用情報と返送情報を記録した収納記録と、貸出情報と返納情報を記録した送付記録に大別できる（ただし同一帳簿に両方の記録が混在する場合もある）。出納帳に見られる奉請に関する情報は、仏典名、日付、相手方の組織名ないし人名、奉請経緯、出納者・使者等の名、返却情報などがあるが、これらの情報が必ず記されるわけではなく、形式も一様ではない。

現存する出納帳はたいへん多いが、一連の帳簿として残存するものもあれば、複数の断簡に分かれて復原が困難なものも少なくない。また大日古は、一連の帳簿として残存するものを各所に分散して配置したり、分散してしまった断簡を一連の帳簿のように配列するなど、収録に際してかなりの混乱が見られる。このため、出納帳の扱いには細心の注意が必要になる。ここでは参考のため、現在ほぼ完全な状態で残っているもの、および『正倉院文書目録』[19]によって復原が可能なものを表2に挙げ[20]、そのうち比較的体裁が整っているH一切経散帳の記載内容を表3に一覧表示しておく[21]。

表2　現存する出納帳の主なもの

記号	史料名	現所属	大日古	記載年代	備考
A	律論疏集伝等本収納幷返送帳	正集三三①(2)裏 正集三三⑤裏 正集三三①(1)裏 正集二一⑩裏 続修八⑧裏 正集一⑪裏	八ノ一八五〜一八八11 二四ノ二五八 八ノ一八八12〜一九三 九ノ三六五〜三六七 三ノ一六一〜一六三 一〇ノ五五三〜五五四	天平十五年五月一日〜 天平二十年正月十八日	収納記録（一部送付記録も含む）
B	律論疏集伝等本収納幷返送帳（案）	続修三四裏①	八ノ一九三〜一九六	同右	Aの草案
C	経巻出入検定帳（第五櫃）	正集三五①裏 続々修一五ノ三② 続修別集四七⑥裏	二四ノ四〇七〜四〇九 二四ノ一七四7〜一七七11 三ノ二六〇〜二六一	天平十九年四月七日〜 感宝元年六月二十五日	送付記録（一部収納記録も含む）
D	経疏検定帳	正集四一②裏 続修七②裏	九ノ三八二〜三八五 二三ノ一六四	天平十九年六月四日	送付記録
E	間本納返帳	続々修一五ノ九① 正集四一④裏 続々修一五ノ九②(1) 続々修一五ノ九4〜18	九ノ五九九1〜11 九ノ四三二 九ノ五九九12〜六〇三3 九ノ六〇一4〜六一七	天平十九年十二月六日〜 ？	収納記録（一部送付記録も含む）
F	経疏出納帳	続修後集三八(1) 続修後集三八(2) 続修後集三八(3) 続修後集三八(4) 続修後集三八(5)	三ノ三五三〜三五四 三ノ五四二〜五四三、四一四 三ノ五四三2〜五四四7 三ノ五四四8〜五四七3 三ノ五四七4〜五四八3	勝宝元年六月二十日〜 勝宝三年十月八日	送付記録

			続修後集三八(6)	三ノ五四八4〜五五五		
			続修後集四二④	三ノ五五六〜五五七5		
G	経疏出納帳	Z一	塵芥二四④裏	二四ノ五〇九〜五一〇3	天平二十年七月九日〜勝宝七歳六月二十六日	送付記録・収納記録混在
			塵芥二四③裏	二四ノ五一〇4〜五一一9		
			塵芥二一④(2)裏	一一ノ二五六〜二五七12		
			塵芥二一④(1)裏	一一ノ二五七13〜二五八13		
			塵芥二一③(2)裏	一一ノ二五九1〜8		
			塵芥二一③(1)裏	一一ノ二五九9〜二六〇5		
			塵芥二四②裏	二四ノ五一一10〜五一三6		
			塵芥二四①裏	二四ノ五一三7〜五一六4		
			塵芥二四⑤裏	二四ノ五一六5〜10		
			塵芥二四⑥裏	未収		
			塵芥二一①裏	一一ノ二六〇6〜二六二		
		Z二	塵芥二八③(1)裏	四ノ八七12〜八九6	勝宝四年四月十七日〜勝宝七歳二月十九日	
			塵芥二八②(2)裏	四ノ八九6〜九三6		
			塵芥二八②(1)裏	四ノ九三7〜九五4		
			塵芥二八①(4)裏	四ノ九五5〜九六4		
			塵芥二八①(3)裏	四ノ九六5〜九七2		
			塵芥二八①(2)裏	四ノ九七3〜九八3		
			塵芥二八①(1)裏	四ノ九八4〜10		
			塵芥三〇④(3)裏	三ノ六四二〜六四三4		
			塵芥三〇④(2)裏	三ノ六四三5〜六四四2		
			塵芥三〇④(1)裏	三ノ六四四3〜六四五7		
			塵芥三〇③(2)裏	三ノ六四五8〜六四七2		
			塵芥三〇③(1)裏	三ノ六四七3〜六四九1		

G	経疏出納帳		塵芥三〇②(2)裏	三ノ六四九2～9		
			塵芥三〇②(1)裏	三ノ六四九10～六五三9		
			塵芥三〇①(4)裏	三ノ六五三10～六五四12		
		Z三	塵芥三五①(2)裏	四ノ三七8～三八6	勝宝七歳三月一日～	
			塵芥三五①(1)裏	四ノ三八7～11	五月二十一日	
			塵芥二八③(3)裏	四ノ八五～八六10		
			塵芥二八③(2)裏	四ノ八七1～11		
		Z四	塵芥二五⑤(3)裏	二五ノ一七八5～10	勝宝七歳四月十六日～	
			塵芥二五⑤(2)裏	二五ノ一七八11～一七九12	四月二十七日	
H	一切経散帳		続修後集二五	一一ノ二二三～二二七	(勝宝二年?)	送付記録
I	一切経散帳案		続々修二ノ一一②	一一ノ三五五～三五九	同上	Hの草案
J	宮一切経散帳		続々修二ノ一一③	一〇ノ三二七～三三〇	天平二十年八月四日～ 勝宝八歳六月四日	送付記録
K	造東大寺司可奉請経論疏等顕注文(案)		続々修二ノ一一①	一二ノ二五八～二六三	勝宝四年閏三月二十八日	送付記録

・Dは厳密には出納帳ではないが、当史料の天・地などの余白部分に出納記録が見えるので、出納帳として加えた。
・GのZ一～四の配列については、杉本一樹「宝亀年間「奉写大小乗経律論目録」と一次文書の復原」(同『日本古代文書の研究』吉川弘文館、二〇〇一年、初出一九九二年)を参照。

さて、奉請文書と出納帳には、かなり多くの僧尼の名が、借用・貸出相手や使者として記されている。これらを概観するだけでも、僧俗間の接触・交流が頻繁にあったことが窺えるのであるが、そのやりとりの実態をできる限り具体的に見ていきたい。

2　写経所の奉請システムと文書行政

出納帳の送付記録に記された奉請先や奉請経緯を見ると、僧尼をはじめ多種多様な方面から貸出の依頼があったことが分かる。奉請経緯に注目すると、その記載方式としては、表3に見られるように「依○○宣（状）」などとあるのが一般的であるが、とりわけ造東大寺司幹部（四等官）によるものと良弁によるものが目立っている。

奉請経緯に多く見える宣については、吉川真司氏の詳しい研究がある。[22] 氏は、正倉院文書に見える、写経を命じる宣、仏典の奉請を命じる宣、物品出納を命じる宣などを精査し、〈宣＝判〉と〈奏宣の宣〉という二つの類型を想定され、その伝達経路を図のように整理された。これによると、〈奏宣の宣〉は、主に内裏の意向に基づいた女官・僧尼によるものであり、坤宮官を通じて伝達される藤原仲麻呂の宣もこれに含まれる。そして、それらを受けて造東大寺司官人（幹部）による判許、すなわち〈宣＝判〉が写経所に下されるのである。さらに、いずれにも該当しないものとして、僧・一般官人が「権威や縁故によって写経や経典奉請を請願・命令するもの」

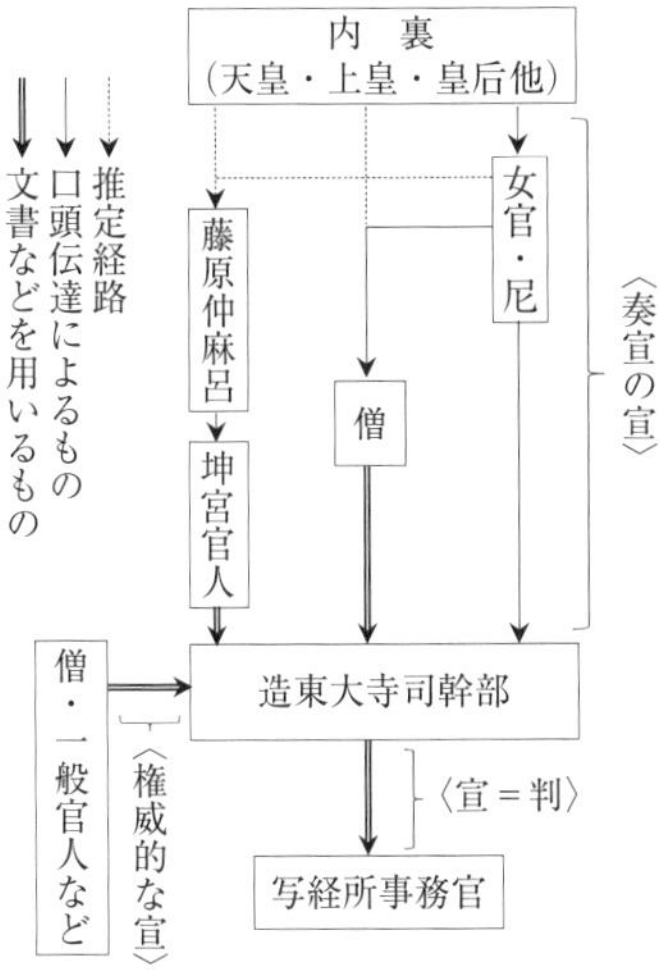

図　宣の伝達経路
（吉川真司註22論文の図9をもとに一部改変した）

表3　出納帳H（送付記録）の記載内容

No.	仏典	年月日	奉請先	経緯	出納者	備考
1	決定毘尼経一巻	勝宝一・七・二十三	内裏		使葛井根道	雑四帙
2	虚空蔵𦬇神呪経一巻 観虚空蔵𦬇経一巻	天平二十・九・二十二	内裏			雑七帙
3	宝星陀羅尼経一〇巻	天平二十・九・二十一	内裏	依次官佐伯宿禰宣	知爪工家万呂・阿刀	
4	普曜経八巻 妙法花経八巻	天平二十・十二・十九	岡寺	依良弁大徳宣	使童子人長	
5	説無垢称経六巻	天平十八・閏九・九	良弁大徳所		付鴨道長 判田辺史生 知爪工家万呂	従爪工家万呂所奉請
6	維摩詰経二巻 注維摩詰経六巻	天平二十・四・十一		依大尼公宣	使犬甘子老 判少掾佐伯宿禰 知阿刀足嶋	
7	大乗同性経二巻 無上依経二巻 深密解脱経五巻	勝宝一・六・十五	平摂師		判上毛野	
8	解深密経五巻	勝宝一・五・二十六	内裏	依次官佐伯宿禰宣		
9	解節経一巻 相続解脱経一巻	勝宝一・六・二十五	仙寂師所	依良弁大徳宣	自受	
10	楞伽阿跋陀羅宝経一巻 注楞伽阿跋多羅経一巻 入楞伽経一巻	（勝宝）一・六・二十七	教輪師所	依大徳宣	使沙弥泰敏師	

11	仏頂尊勝陀羅尼経一巻 大仏頂尊勝陀羅尼経一巻	天平二十・九・二十二	内裏	依次官佐伯宿禰宣	使山口佐美万呂	
12	大方等如来蔵経一巻	(勝宝)一・閏五・三	平摂師所		使沙弥薬智	
13	摩利支天経一巻	勝宝二・四・十六	佐保宅	依大徳宣	使沙弥仁憬	
14	報恩経七巻	(天平)二十・十・二十二	寺家	依大徳宣	使飽田石足 受智憬師	
15	大乗密厳経三巻	勝宝一・六・十五	平摂師所	依判官上毛野君宣	使沙弥薬智	
16	随求即得大自在陀羅尼神呪経一巻	天平十八・十二・四	内裏	依田辺判官宣	使若湯坐阿志婆世 充志斐史生	
17	金剛三昧本性清浄不壊不滅経一巻					不知所在
18	明門論一巻	勝宝二・四・二十	大納言宅	依葛井根道状		
19	仏性論四巻世親𦬇造	(勝宝)一・七・二十四	仙寂師	依良弁大徳宣		
20	決定上論三巻 大乗荘厳経論一三巻 大荘厳論経一〇巻 転法輪論一巻	(勝宝)一・六・二十五	仙寂師所	依大徳宣	自受	
21	中辺分別論二巻	(勝宝)一・六・二十四	教輪師所	依大徳宣	使沙弥泰敏	
22	三無情論二巻 観所縁縁論一巻 成唯識宝生論五巻 唯識無境界論一巻	(勝宝)一・六・十五	平摂師所	依田辺判官宣	使沙弥薬智	

23	雑集論一部一六巻	（勝宝）一・四・十九	教輪師所	依大徳宣	自受	
24	摂大乗論二部二〇巻世親、無性	（天平）二十・七・二	智憬師所	依大徳宣		
25	仏性論一部三巻法宝師造	（天平）二十・五・二	平摂師所	依長官宮宣	僧戒幽	
26	大乗百法明門論一巻	勝宝二・四・二十一	大納言藤原殿	依葛井主典口状	使子部人主	
27	判比量論一巻 掌珎論二巻 瑜伽論一〇〇巻 唯識論九巻 摂大乗論釈論一〇巻	（天平）十九・九・二十六	内裏	依小尼公宣	使阿陪真道	
28	因明入正理論一巻	（天平）二十・十一・九	内裏	依積組内侍宣	知阿刀史生	
29	摂大乗論一〇巻 弁中弁論三巻 因明論一巻	勝宝二・一・二十四	内裏	依主典葛井連宣	使下道主・若桜部梶取	
30	賢愚経一六巻 一切経音義一九巻 衆経要集七巻 大唐西域記一二巻 雑宝蔵経八巻	天平二十・十二・十八	彼所	依大僧頭宣		
31	付法蔵因縁伝六巻 婆藪盤豆法師伝一巻 大唐慈恩寺三蔵法師伝一〇巻 雑宝蔵経八巻	感宝一・六・二十五	仙寂師所	依大徳宣		

32	大智度論一〇〇巻	勝宝一・九・二十	羂索堂		使正戒師 知鴨筆	以三月二十九日、奉請還即使正戒師、検納三嶋宗麻呂

・奉請の経緯に宣・状などの日付が見える場合は、その日付を年月日欄に記し、経緯欄には日付を省略して記した（例…依良弁大徳勝宝〇年〇月〇日宣→依良弁大徳宣）。

である〈権威的な宣〉も想定されている。ここで明らかにされている点として、〈宣＝判〉、すなわち、造東大寺司幹部による宣が奉請の判許を指すものであるということを、例を挙げて確認しておきたい。

興福寺慈訓師所奉請文（続々修三ノ一〇裏、一二ノ二九八～二九九）には、

「奉請経十二巻」

（中略）

、観普賢菩薩行法経一巻「請」　以上一巻雑経第卌三帙

、虚空蔵菩薩能満諸願最勝心陀羅尼求聞持法一巻「請」

以上一巻雑第五十六帙

右　　　天平勝宝四年五月廿三日使僧朗叡興福寺

（酒主筆）
「符経所

右、自慈訓師所奉請如件、司判依請、宣

施行之、

次官佐伯宿禰　「今毛人」（自朱署）　主典阿刀連酒主」
「以六月一日奉返訖　収生人」（生人筆）

とある。これに対応する出納帳の送付記録（一二ノ三一〇7〜10）には、

□□□□□（観普賢菩薩）行法経一弖合九巻□
右、依次官佐伯宿禰并主典□□□（阿刀連カ）
宣、奉請慈訓師之所、使興福寺僧□□（朗叡）
検出呉原生人
已上経、以六月一日返奉已訖　収生人

と見える。これらによると、興福寺僧慈訓が写経所へ仏典一二巻の借用請求状を提出し、造東大寺司がこれを受け取った。受け取った主典阿刀酒主は、請求状の奥余白に「符経所」から始まる貸出の命令を記し、次官が連署した上で写経所に下した。これを受けて写経所は慈訓師所へ貸し出し、出納帳に「依次官佐伯宿禰并」云々と幹部の判許によって奉請した経緯を記録した。その後、貸し出した仏典は六月一日に返納され、その旨を請求状と出納帳の両方に記した。写経所での貸出と返納の際には、ともに呉原生人が出納したことも判明する。

この奉請例のように、造寺司幹部が貸出を判許する際、請求状の奥余白にその旨および署名を加える形式が一つのパターンであった。他所からの請求状の余白には、造寺司政所や写経所による追記が見られる場合が少なくないが、その多くは、「依旨行之」「判了」「依請」など、造寺司政所の判許を示すと思われるものが見られ、幹部の署名を伴っている（表4）。この他、造寺司幹部が新たに文書

表4　請求状余白の追記、および送付記録の奉請経緯対比

日付	他所からの請求状			出納帳の送付記録	
	発給者	判許の追記（太字は自署）	大日古	経緯	大日古
天平十九・二・十一	法花寺政所	奉大尼公宣如前者／未為文作雖然所奉無障宜急令所状／少掾佐伯宿禰今毛人	九ノ三三九		
勝宝一・八・八	大納言藤原家	判許　判官安倍朝臣　申上福物	三ノ二七三	依阿倍判官元年八月八日宣	二四ノ一九三
勝宝三・八・十四	倶舎衆	上件事行之／次官佐伯宿禰　判官上野君**真人**	三ノ五二二～五二三		
勝宝三・八・十六	厳智	令請／次官　判官上野君**真人**	三ノ五二四	依厳智師天平勝宝三年八月十六日状（令請／次官佐伯宿禰　判官上毛野君　鴨書手）	三ノ五五四
勝宝三・九・一	尼宝浄	上件疏令奉請／次官佐伯宿禰　判官上野君真人	一二ノ四一	依少僧頭良弁師、次官佐伯宿禰天平勝宝三年九月一日宣	三ノ五五五
勝宝三・九・二	寺	判官石川朝臣／上野君真人	一二ノ四二	依判官石川朝臣上毛野君等天平勝宝三年九月二日宣	三ノ五五六
勝宝三・九・十八	寺	依旨行之／次官佐伯宿禰**今毛人**　判官上野君真人	三ノ五二六		

勝宝三・十・八	寺	依請充且／判官石川豊万里	一二ノ一六三～一六四	依判官石川朝臣天平勝宝三年十月八日宣	三ノ五五七
勝宝三・十・十一	左大臣家	判了但能注令返／次官　主典阿刀連酒主	一二ノ一六四～一六五		
勝宝三・十一・十一	左大臣家	判了堅注令返／判官上毛野君／主典阿刀連酒主	三ノ五二七		
勝宝三・十一・十二	律宗	早速行奉／十一月十二日／判官上野君真人	一二ノ一七七～一七八		
勝宝三・十一・二十五	倶舎衆	依状行之／次官佐伯宿禰今毛人　判官上野君真人	一二ノ一七八～一七九		
勝宝四・一・二十八	僧性泰 僧平摂	判依請／次官佐伯宿禰今毛人　判官石川朝臣豊万呂／主典阿刀連酒主	一二ノ二一八～二一九	なし	四ノ八八
勝宝四・五・二十三	慈訓	符経所／右自慈訓師所奉請如件、司判依請、宜施行之／次官佐伯宿禰今毛人　主典阿刀連酒主	一二ノ二九八～二九九	依次官佐伯宿禰并主典□□□宣	一二ノ三一〇
勝宝四・八・二十四	三論宗	前件論疏等令奉請／判官石川朝臣豊麻呂／上野君真人	一二ノ三五二～三五三		
勝宝四・十一・九	（東大寺）	上件経典依員分付／次官佐伯宿禰今毛人　判官大蔵伊美吉万里　主典阿刀連酒主	二五ノ五三～五四	依次官佐伯宿禰、判官大蔵伊美吉天平勝宝四年十一月九日宣	四ノ九一 一〇ノ三一七
勝宝五・四・二十七	薬師寺三綱	前件状如是、上馬甘等宜依数分付／四月廿七日／判官大蔵伊万里	一二ノ四三八～四三九		

勝宝五・五・二十三	薬師寺三綱	件状如前、経所領等依員分付／次官佐伯宿禰今毛人　判官大蔵伊美吉万里／主典阿刀連酒主	一二ノ四三九～四四〇		
勝宝五・八・五	法華寺	依請／次官佐伯宿禰今毛人　判官上毛野君真人	四ノ九六～九七		
勝宝五・八・十	大納言藤原家	令奉請前件三部書／判　次官佐伯宿禰今毛人／判官石川朝臣豊麻呂／主典阿刀連酒主	四ノ九七～九八		
勝宝五?・八・二十二	浄弁	依請／次官佐伯宿禰　主典紀池主	四ノ九八		
勝宝五・九・三	慈訓	司判依請／次官佐伯宿禰今毛人　判官石川朝臣豊麻呂／主典阿刀連酒主	三ノ六四二～六四三		
勝宝五・九・四	善珠	件状如前、乞暫分借、若有逗留、専愚催進、敢不食言、謹状／即日阿刀酒主状／謹上、小縄執下	三ノ六三〇～六三一		
勝宝五・十一・十	大納言藤原家	判令請／次官佐伯宿禰今毛人　判官石川朝臣豊麻呂	三ノ六四三～六四四		
勝宝五・十二・十二	大納言藤原家	上件論疏令奉請／次官佐伯宿禰　判官上毛野君真人／主典阿刀連酒主	三ノ六四四～六四五		
勝宝六・二・二十	大脩多羅衆	判許但受使名令注者／次官佐伯宿禰今毛人　判官大蔵伊美吉万里	三ノ六四五～六四七		
勝宝六・二・二十三	北家	政所判令請／論集伝合捌拾捌巻請北宅／次官佐伯宿禰今毛人	三ノ六四七～六四九		

勝宝六・二・二十三	僧善基	謹白奉経所案典等所／前件経、若坐者、欲奉請、事了則奉返／二月廿三日　上野真人	一三ノ六二		
勝宝六・四・一	大脩多羅衆	依員奉請／次官佐伯宿禰　判官上野君真人	三ノ六四九		
勝宝六	紫微中台	政所符　呉原生人／依前件状急施行、故符	一三ノ一一六		
勝宝八・四・十八	紫微中台	司判依請　主典阿刀連酒主	二五ノ一八二		
宝字二・八・九	山階寺三綱	政判行／大判官美努連奥麻呂	一三ノ四八二		
宝字二・八・十	中嶋写経所	即依員奉送	一三ノ四八四		
宝字二・九・二十一	造仏司	判主典安都宿禰	一四ノ一七一		
宝字六・六・七	法師道鏡	判行（割注略）／判官葛井連根道／主典阿刀連	五ノ二三八～二三九		
宝字七・四・十三	僧綱	行／判官葛井連根道／主典阿刀連酒主	五ノ四三二～四三三		
宝字七・四・十六	太師家	依請判許／次官国中連　判官葛井根道	一六ノ三七三～三七五		
宝字七・七・一	太師家	判許　主典志斐連麻呂	一六ノ四〇〇～四〇五		
宝字七?・五・二十二	法師道鏡	判行　判官葛井連根道／主典志斐連麻呂	二五ノ三四七		
神護二・六・三	三綱	司判行　判官美奴連奥万呂	一七ノ一九		

宝亀二・三・十八	僧玄覚	可行相知法師奉栄	一八ノ二一一〜二一二		
宝亀二・四・四	講僧澄叡	上座承教／寺主／中鎮／少鎮実忠／造寺司　大判官美努連奥麻呂／主典葛井荒海／阿刀宿禰与参	一八ノ四五九〜四六〇		
宝亀三・一・十二	僧広寂 僧隆保	判許／寺主玄愷／大学頭慚安／司知令請／大判官美努連奥麻呂／主典葛井荒海	一九ノ一四一〜一四二		
宝亀三・九・十五	講僧仙憬	判許／大寺主兼大学頭大法師玄愷／可信兼大学頭法印慚安／造寺司　主典葛井連荒海／阿刀宿禰与参	一九ノ一四二〜一四三		
宝亀四・七・十七	僧奉正	勘知／寺主玄愷	二二ノ五五〜五六		

・宝字年間以降の奉写御執経所の文書は取り上げていない（表5・6もこれに同じ）。

を作成して写経所に下す例もある。「造東大寺司奉請注文并写経所奏」（続々修一〇ノ二五、一一ノ七三1〜10）によると、「尼公宣」を受けた主典葛井根道が写経所に奉請せよとの旨を、新たに文書を作成して下達している。写経所はこの余白に送付状案を記しており、そこに「依葛井根道今日宣」という経緯が見えている。この例も、写経所は上位官司からの宣＝判許を得るという経緯によって、仏典貸出の実務を行っていたことを示している。また、送付記録の奉請経緯には、「依次官口宣」（一〇ノ六二九）や「依葛井主典口状」（表3№26）などと見える例があるように、口頭で命令が下される場合もあったようである。いずれのパターンも、先に見た請求状の余白に書き込む場合と原理は同じである。

このように、出納帳の送付記録の奉請経緯に多く記される造寺司幹部の宣（状）とは判許のことであり、このような手続きが貸出の際の原則であったと考えられる。送付記録に対応する奉請文書が残っている場合は決して多くなく、ほとんどは実際の判許の下達方法が判明しないのであるが、余白への書き込み、下達文書の作成、口頭伝達のいずれかの方法によってなされたと考えてよい。外部からの貸出請求は造東大寺司が受け付け、幹部による判許を経た上で写経所が貸出実務を執行する、という流れが存在したのである。

因みに、写経所が貸し出す際に発給される送付状案や写経所の借用請求状案も、ほとんどが造寺司幹部による署名を伴っている（表5）。したがって写経所の奉請システムは、貸出の場合は造寺司政所が請求を受け付け、造東大寺司名義で送付し、借用の場合も同様の名義で請求状が発行されるのである。すなわち、外部との連絡・交渉は、造寺司政所が窓口となっているのであり、文書行政の基本原理に則ったシステムであったことが分かる。(23) 出納や使など実際に奉請の業務を行うのは写経所官人である場合が多く、借用・返納の際に受け取るのも写経所であるが、文書行政の上では、造東大寺司政所の決済によって発動されるのが原則であったといえる。

なお、上記したように、送付記録の奉請経緯には良弁が非常に多く登場する。それらを見ると、造東大寺司や写経所に密接に関係する存在であったように思われるが、彼は決して内部実務に介入していたのではない。(24) 良弁は、造東大寺司と東大寺の双方を統括する立場から、寺家に必要な仏典を請求し、他僧や内裏からの要請を受けて奉請の宣を発していたものと考えられる。(25) したがって、良弁の造東大寺司や写経所への関与は、吉川氏のいう〈奏宣の宣〉〈権威的な宣〉として考えて差し支えない。

表5　写経所発行の奉請文書の名義と幹部署名の有無

日付	種類	発給者名義	幹部署名	大日古
天平九・四・六	請求状	皇后宮職	○	二ノ二八～二九
天平十三・四・十九	送付状	写一切経司	○	七ノ五一三
天平十四・十・三	請求状	金光明寺写一切経所	×	二ノ三一三
天平十九・一・二十八	送付状		○	九ノ三二九～三三〇
天平十九・十一・十四	請求状	勅旨写一切経所	○	九ノ五一四～五一五
（天平？）	送付状		×	二四ノ四一八～四一九
勝宝一・九・八	送付状	東大寺写経所	○	三ノ三一九
勝宝一・九・八	送付状	東大寺写経所	○	一一ノ七三
勝宝一・九・九	請求状	造東大寺司	○	三ノ三一九～三二〇
勝宝二・二・二十	請求状	造東大寺司	○	一一ノ七五
勝宝二・三・三	送付状	造東大寺司	○	一一ノ一七六～一七七
勝宝二・三・十一	請求状	造東大寺司	○	一一ノ七六～七七
勝宝二・六・十七	請求状		×	一一ノ二五六
勝宝二・八・十五	請求状	造東大寺司	○	一一ノ七八
勝宝二・八・十七	請求状	造東大寺司	○	三ノ四一四～四一五
（勝宝二？）九・二十九	請求状	造東寺司	○	一一ノ四一九
勝宝二・十一・五	請求状	造東寺司	○	一一ノ七九～八〇
勝宝二・十一・？	請求状	造東大寺司	×	一一ノ四二七～四三〇
勝宝二？	請求状	勅旨写一切経所	×	一一ノ二六二～二六三
勝宝二？	請求状	造東大寺司	×	一一ノ二六三
勝宝二？	請求状	勅旨写一切経所	×	一一ノ二六四
勝宝三・三・二十五	請求状	造東寺司	○	三ノ四九二～四九三

勝宝三・三・二十五	請求状	造東寺司	○	三ノ四九三〜四九四
勝宝三・三・二十五	請求状	造東寺司	○	一一ノ五〇〇
勝宝三・三・二十五	請求状	造東寺司	○	一一ノ五〇一
勝宝三・三・二十五	請求状	造東寺司	○	一一ノ五〇二
勝宝三・五・二十二	送付状	造東寺司	○	一一ノ五五六〜五五七
勝宝三・六・八	送付状		○	一二ノ二
(勝宝三) 六・十二	送付状		×	一二ノ八
勝宝三・六・十四	請求状	造東寺司	○	三ノ五一〇〜五一一
勝宝三・六・十五	請求状	造東寺司	○	三ノ五一一
(勝宝三・六?)	請求状	写経所	×	二五ノ三五
勝宝三・七・十一	請求状	造東寺司	○	一一ノ八〇
勝宝四・二・二十六	請求状	造東大寺司	○	一二ノ二一九〜二二〇
勝宝四・三・十六	請求状	造東大寺司	○	三ノ五六三〜五六四
勝宝五・三・二十七	送付状	造東大寺司	○	三ノ六二一〜六二二
勝宝五・三・二十七	送付状	造東寺司	○	三ノ六二二〜六二三
勝宝五・四・十三	送付状	造東大寺司	○	三ノ六二六
勝宝五・九・九	送付状		×	一三ノ三八〜三九
勝宝六・八・七	請求状	造東大寺司	○	一三ノ九九
勝宝七・三・二十三	請求状	奉写宝積経所	○	一三ノ一三三〜一三四
勝宝七・四・二十一	送付状	造東大寺司	○	二五ノ一八五〜一九三
勝宝七・五・二十七	送付状	造東大寺司	○	四ノ六一〜六六
勝宝七・五・二十七	送付状		○	一三ノ一四二〜一四四
勝宝八・七・八	送付状	造東大寺司	○	一三ノ一九八〜二〇〇
勝宝八・七・?	送付状	造東大寺司	○	一三ノ二〇〇〜二〇一
勝宝九・七・二十	請求状	造東大寺司	○	一三ノ二二五
宝字二・七・八	送付状	東大寺	○	一三ノ三八二

宝字二・七・十四	送付状	造東大寺	○	一三ノ三八三
宝字二・七・十四	送付状	東大寺	○	一三ノ三八三～三八四
宝字二・七・二十二	送付状	東寺	○	一三ノ三八四～三八五
宝字二・七・二十五	送付状	東寺	○	一三ノ四七七
宝字二・七・二十五	送付状		○	一三ノ四七七～四七八
宝字二・八・十七	送付状	造東寺司	○	一三ノ四八五
宝字二・九・二十七	送付状	東寺写経所	×	四ノ三二〇～三二一
宝字二・九・二十八	送付状	東寺写経所	○	一四ノ一七九
宝字四・三・二十	請求状	造東大寺司	○	一四ノ三七四
宝字四・六・十七	送付状	東大寺写経所	○	一四ノ三九九～四〇〇
(宝字四?)九・二一	送付状		○	二五ノ二六七
宝字四・九・二十八	送付状	造東寺司	○	一四ノ四四六
(宝字四)	送付状	東大寺奉写一切経所	×	一四ノ四〇三
宝字五・二・十五	請求状	奉写一切経所	○	一五ノ一四～一五
宝字五・二・二十一	請求状	東大寺奉写一切経所牒	○	一五ノ二六～二七
(宝字)五・二・二十一	請求状	奉写一切経所	○	一五ノ二五～二六
宝字五・三・八	請求状	奉写一切経所	○	一五ノ三八
宝字六・十二・二十四	送付状	奉写経所	○	一六ノ一〇六～一〇七
宝字七・四・十七	送付状	造東寺司	○	一六ノ三七四～三七五
宝字七・五・十四	送付状	東大寺写経所牒	○	一六ノ三八三
宝字七・五・十四	送付状	東大寺写経所	○	一六ノ三八三～三八四
宝亀四・八・二十七頃	送付状		×	二二ノ一八一～一八二
宝亀五・十一・一十二	送付状	造東大寺司	○	二三ノ一七八～一七九

3　写経所実務の現場

上記したように、写経所における仏典奉請システムは、吉川氏の構図のように、造東大寺司幹部を経た手続きを原則としていた。出納者・使者として実際に奉請業務を行うのは写経所官人であるが、貸出にしろ借用にしろ、その実務交渉の発動は、造寺司政所の決済がなければならなかったのである。しかしそうであれば、写経所は、僧や外部組織との間で、直接的な実務交渉を行い得なかったことになってしまう。したがってこの原則は、あくまで文書主義に基づく行政のシステマチックな側面であり、これに即した吉川氏の構図は、現場の実態のすべてを反映したものとは必ずしもいえないように思われる。

では、写経所も造石山寺所のように、造寺司政所を介さず、独自の判断によって実務を遂行する場合があったのであろうか。もし、外部との直接交渉や効率性重視の実務運営など、文書行政的な基本原理を超えた現場の実態[26]が写経所に認められるならば、石山寺における正美と道主のような僧俗間の親密性を、写経所官人の場合にも想定することが可能になってくるであろう。そこで、このような視点から、いくつかの奉請事例を見てみたい。

東大寺僧教演牒（続々三ノ一〇裏、一二ノ二六四）には、次のようにある。

　牒写経所

　　盂蘭梵経一巻求不得

右、得務所次官判、莫《マヽ》願既訖、

仍注状、以謹牒、

天平宝勝四年四月二日

僧教演

ここで教演は、造寺司幹部の判許を得たにもかかわらず奉請がなされなかったと報告している。教演は幹部の決済が必要であるという写経所の奉請システムを認識していたのであり、その手順を踏んで借用しようとしたが、何らかの事情により、写経所へうまく伝わらなかったようなのである。造寺司政所を介しての手続きは、依頼する側にとって聊か面倒であったようであり、この史料は、効率面における奉請システムの難点を克明に示している。すると、依頼者は原則を認識しながらも、場合によっては円滑に事が運ぶ直接交渉を行うことがあった可能性を示唆するのである。

また、「他田水主大小乗目録進送文」（続々修一六ノ三、一二ノ八）には、

目録二巻大小乗者

右、依標瓊師月九日口状、随返来時

進送如前、披覧事趣、早速返送、

六月十二日舎人他田水主

新薬師寺三綱務所

とあり、他田水主は六月十二日に、標瓊師の九日の口状により新薬師寺へ目録を送付している。これに対応すると思われる送付記録（出納帳F、三ノ五五〇10~五五一3）では、

目録二巻宮故録大小乗経者「以六月廿五日返送了」　又二巻新「以同月十二日付田部乙成

令奉請」
右、依新薬師寺三綱天平勝宝三年六月
九日牒、令奉請、使、
他田水主
呉原「生人」

と見え、同寺三綱の九日の牒によって目録一巻（「故録」）を奉請し、さらに十二日にも目録（「新」）を奉請したとある。牒を持参した使の名は見えないが、おそらく標瓊であろう。すなわち、標瓊は九日に目録を受け取った際、最新の目録が返却されたら送ってほしいと口頭で伝えたようである。先の十二日付の送付状（草案）は、写経所官人の他田水主が署名しており、幹部の連署予定はない。水主が標瓊の口状の内容を知っていたということも踏まえると、標瓊は写経所に直接交渉に来ていた可能性が高い。勿論、造寺司政所が受け付けて口状の内容を写経所に伝えたという可能性も残るが、もしそうであれば、受け付けの際に政所が即座に貸出中の旨を返答できたということになる。しかし、複数の部署を管轄する造寺司政所が写経所の貸出状況をそこまで熟知していたとは考えにくく、標瓊が依頼に来た際にその場で貸出状況の確認や貸出の指示までできたとも思われない。したがって、やはり標瓊は直接写経所に来たものと解した方がよい。

さらに、他所からの請求状の余白に見られる追記は、上記した造寺司政所の判許以外に、写経所で書き込まれたものも多く存在する（表6）。このうち、天平二十年（七四八）十月三日の例、勝宝四年（七五二）七月二十二日の例、宝字四年（七六〇）十二月三日の例は、幹部による判許に関する記載があるが、いずれも奉請したことを示す記載と一筆であり、写経所で書き込まれたものであることが分かる。するとこれらは、口宣による判許を受けての奉請であった可能性もあるが、他の写経所による追記の例に判許に関する文言が見えないことを踏まえると、すべてをそのように捉えてよいかどうか疑問が残る。

例えば、勝宝五年（七五三）三月六日の僧智憬からの請求状は、「呉原尊従者等中」と宛名を明記しており、明らかに写経所案主の呉原生人に宛てて請求している。請求状の奥には、翌日奉請した旨を写経所が書き込んだ追記があるだけで、判許に関する文言は一切なく、対応する送付記録の奉請経緯にも判許に関する記載が見えない。するとこの場合、写経所との直接のやりとりであった可能性が高いのである。他にも、写経所官人宛を明記した僧による請求状としては、「経司尊等従者等中」(27)と見える教輪のものや、「案主尊者□□（机下カ）」(28)とある明一のものが知られる。いずれも余白の追記や送付記録の奉請経緯は見えないので判断し難いが、写経所へ直接請求しているものと考えられる。

このように、史料から窺える奉請事例は、必ずしも奉請システムに即して割り切れるものばかりではないのである。出納帳の送付記録は、判許に関する記載が奉請経緯や出納者名に見えない場合も多くあり、これらすべてを原則通りに考える必要はなく、写経所独自の判断で奉請している場合もあったのではなかろうか。外部から直接請求を受け付けた際には、おそらく事後報告として済ます場合もあったであろうし、あるいは判許を経たように記録上装う事務操作の可能性も想定する必要があると考える。(29)

一方、写経所が僧や寺院から借用する際において、寺院・僧尼側での実務方法はどのようであった

表6　請求状余白の追記（写経所で書かれたもの）

日付	他所からの請求状				出納帳の送付記録	
	発給者	宛名	写経所で書かれた追記	大日古	経緯	大日古
天平十九・二・二十四	寺家	造仏司政所	借放遣縹紙写経一巻納疏所櫃内者／私経然未知主	九ノ三四二		
天平十九・三・十八	法花寺政所	写経司	知志斐万呂／他田水主	九ノ三五八		
天平二十・十・三	法華寺三綱	写一切経司	件律不勾以外皆悉令奉請既了／判次官　行阿刀酒主／他田水主／常世	三ノ一一七～一一八	依法花寺牒（判次官）	一〇ノ二八四
天平二十・十・二十一	造宮省輔藤原宅		勘付廻使令奉請如前	二四ノ五二五		
天平二十・十・二十八	寺堂司		［（欠損）］自余不請	三ノ一二九	依良弁大徳今日宣奉請	二四ノ一七六
勝宝三・十二・二十七	佐官僧永仙	東大寺三綱	以同月廿八日、付僧慈均令奉請已畢／知他田水主／三嶋宗麻呂	一二ノ二〇二		
勝宝四・四・七	寺	写経司	知三嶋宗麻呂／呉原生人	一二ノ二六六		
勝宝四・七・二十二	紫微中台	東大寺司	以同日奉請已訖付宮舎人文川家守／判　判官大蔵伊美吉／安倍朝臣／検充他田水主	三ノ五八五～五八六		
勝宝四・十二・二十六	僧智憬		右以十二月廿六日令奉請已訖付使壱岐毛人／知上馬甘	一二ノ三八六		
勝宝五・一・二十九	僧智憬		合拾壱巻／右以天平勝宝五年正月卅日、奉請智憬師所知生人、馬甘	一二ノ三八七～三八八		

勝宝五・二・二十三	教輪		(前略)右以五年二月廿三日奉請教輪師所即使／知呉原生人／上馬甘	一二ノ四二〇～四二一		
勝宝五・三・六	僧智憬	呉原尊従者等中	又三月七日請高僧伝下巻／知呉原　上馬養	三ノ六一八	なし	一二ノ三八九
勝宝五・四・十五	僧教輪		依牒旨令請如前／呉原生人	一二ノ四三〇～四三一		
勝宝五・十二・五	少僧都良弁	造東大寺司	依次官宣付廻使、令奉請合玖巻(割注略)／十二月五日呉原生人	三ノ六三七		
勝宝五・十二・十	少僧都良弁	造東大寺司	(前略)右付廻使主殿司伴部道守髪黒、令奉請如前	三ノ六三七～六三八		
勝宝七・四・三	僧教演	一切経政所	使沙弥法善　判上／出充大伴蓑麻呂	一三ノ一三四～一三五		
宝字四・二・二十一	僧軌耀		已上二部疏、令請如件／上馬養	一四ノ三三三～三三四		
宝字四・十二・三	薬師寺三綱	造東大寺司務所	以同日、依員令奉請／主典安都宿禰　案主他田水主	四ノ四五四		
神護二・十・十八	興懌		上件書一部六巻(後略)	一七ノ二一		
景雲四・七・二十四	一切経所		上件経、依員附廻使勝常人、令奉請如件／上馬養	一七ノ一六一～一六二		

・追記のうち、返納情報、送付状案、別件の奉請記録は除く。

であろうか。『日本感霊録』には、勅使が元興寺の笛を借用しに来た際、寺院の政所において宣旨が評議されるのを待っている様子が記されており、[30]外部からの交渉に対して寺院は政所（三綱）が窓口となっている。また、「薬師寺三綱牒」（続々修九ノ七、一二ノ四三八〜四三九3）では、「得下野寺三綱牒云、件経、専寺僧宝蔵之私持経者、今依牒状、差彼寺僧神裕、奉請如前」とあり、下野寺三綱が寺僧である宝蔵の所蔵仏典の返却を要請している。寺院の資財に限らず、僧個人の所有物に関しても、三綱を通した外部交渉が行われているのである。これに対して、表3でも奉請相手を「〇〇師所」などと記す場合が多いように、出納帳では、三綱と記す場合が極めて少ないのである。[31]とくに、「受平栄師」（出納帳A、八ノ一八六）、「専受納慧雲師」（同上、一〇ノ五五四）、「受宣教師」（出納帳G、二四ノ五一〇）、「検納教輪師」（出納帳E、九ノ六一〇）などの記載のように、写経所官人が返送の使として見える場合に受取人が僧個人となっている例は、三綱を介したやりとりであったとは思われない。すると僧側も、写経所をはじめ外部との交渉の際に、所属寺院の三綱を介さず柔軟に対処していたことを窺わせるのである。

このように、仏典奉請に際しては、写経所も僧も円滑な実務遂行を望むことから、往々にして直接交渉を行っていたと考えられる。残存する写経所の文書・帳簿は、文書行政に基づいて発行ないし記録されたものであるため、そこから行政的基準を超えた現場の実態を抽出することは容易ではない。おそらく、実際はそれに則った場合が大半であろうが、かかる柔軟な現場の実態も、史料に見える以上に想定してよいと思われる。

4　蔵書情報と写経所

上記したが、写経所が仏典を借用する際の請求状（草案）は、貸出の際の送付状と同様に、造寺司幹部による署名を伴うものがほとんどであった。では、写経所は請求にあたって、具体的にどのような手順を踏んでいたのであろうか。年紀不明の九月二十九日付「造東寺司牒案」（続々修一六ノ三、一ノ四一九）によると、

造東寺司ー牒　笠山寺三綱所
奉請陀羅尼集経之第十一巻〔紫微中台御願一切経内者　黄紙及表綺帯紫檀軸〕
右、得舍人物部益万呂〔口〕状云、上件経先奉請宮中〔於内裏〕、
彼今探覓官〔宮〕中、都无所得、望請便借寺家〔期日尤近欲奉請〕
経者、司依申状、令奉請〔即付益万呂〕如前、乞察事〔此〕趣、事畢早
速即付益万呂還令請之、以牒、
判ー美努主典　　九月廿九日

とある。造東大寺司が「紫微中台御願一切経」すなわち五月一日経内の仏典を内裏に貸し出したが、それを捜索したところ所在不明であったため、期日が近く急務であるので、笠山寺三綱所に請求しているのである。ここで興味深いのは、請求する経緯に関する文言である。造東大寺司は、物部益万呂という舎人の進言によって、当寺に請求することができたのである。(32)すると、写経所が借用の依頼をする場合、実務を執行する官人が仏典の所在を確かめ、それを受けて造寺司幹部が当司名義で請求状

を発行する、というプロセスを想定することができる。この事例では、舎人の益万呂が蔵書情報を知っていたため、急務でも対処することができたが、逆にいえば、借用の必要が出てから捜索していたのではあまりに効率が悪いことになる。したがって、写経所には蔵書に関する情報が随時集積されていたと考えざるを得ない。

このことを裏付けるのが、「応写疏本勘定目録」（続々修一二ノ九、一二ノ一二〜一六）である（表7）。ここには、詳しい蔵書情報がリストアップされており、それは智憬等が所有する蔵書情報であったことが、冒頭の「且勘定夾名進上如左、但莫知他人、智憬等之所視也」という記載から判明する。写経所は、智憬から情報提供してもらっているのである。[33]そして、これをもとに写経所が作成したと思しき蔵書リストが、「応請疏本目録」（続々修一二ノ九、一二ノ一七〜二二）である（表8）。この時、写経所が行っていた写経事業は五月一日経であるが、とくに勝宝四年（七五二）四月の大仏開眼供養に伴う一切経転読に当たって、不備であった章疏類の書写が急務となっていたのである。[34]その際に必要な章疏類の蔵書情報を、智憬が写経所へ直接提供しているのである。また、智憬が提供した情報は、どのような仏典（章疏）が必要であり不要であるのか、知っていなければ作成できないほど整っている。おそらく、事前に写経所が必要な章疏をリストアップし、それを智憬に渡して情報提供を依頼したものと考えられるのである。したがって写経所は、書写作業およびその実務を効率よく遂行するために、智憬と密に連携していたと考えられるのである。

智憬から得た情報をもとに請求した例は、現存するもので五件（延べ七件）確認できる（表9）。これらは、宛先・請求仏典名・使者の名・日付・自署の有無に異同はあるが、いずれも、「牒、今依

No.	仏典名	所在
1	花厳疏一部二〇巻宗壱師述	在興福寺栄俊師所八〇巻経者
2	花厳方軌一部五巻智儼師述	在此寺六〇巻経者
3	花厳章一部未知巻数伝聞六巻	在栄俊師所
4	十地論疏一部七巻遠法師述	在大安寺慶俊師所
5	起信論疏一部三巻延法師述	在大安寺法宣師所
6	起信論疏一巻曇遷師述	在観世音寺書中　又在法玄師所
7	起信論疏一部三巻法蔵師述	在此寺
8	金剛三昧論一部三巻元暁師述	在此寺
9	花厳教分記一部三巻法蔵師述	在此寺
10	蜜厳経疏一部三巻法蔵師述	在審詳大徳書中
11	中辺分別論疏一部三巻元暁師述	在飛鳥寺理教師所
12	金光明経疏一部八巻元暁師述	在弘明師所八巻経者 掌永金師并正基師也甚誤者在此寺
13	法花経疏一部七巻道栄師述	在大安寺慶俊師所
14	法花疏一部五巻元暁師述	在右大臣殿書中
15	又一部四巻霊範師述	在承教師所
16	无量義経疏一部側（マヽ）法師述	在宣教師所
17	法花論疏一部三巻賓法師述	在栄俊師所
18	法花論疏一部三巻吉蔵師述	在慈訓師所
19	法花論子注一部三巻円弘師注	在善季師所　又在宣教師所
20	梵網経疏一部元暁師述	在右大臣殿書中　又在栄俊師所
21	深密経疏一部三巻玄範師述	在元興寺唯識講師法隆師所

22	又一部五巻璟興師述	在元興寺唯識講師法隆師所
23	又一部三巻元暁師述	
24	入楞伽疏一部八巻元暁師述	在元興寺理教師所
25	仁王経疏一部三巻測法師述	在永金師所
26	又一部三巻吉蔵師述	在元興寺知事勝叡師所
27	金光明経疏一部八巻璟興師述	在岡寺書中八巻経者
28	無垢称経疏一部六巻璟興師述	在玄印師書中　掌興福寺善和師
29	仁王経疏一部二巻恵浄師述	在正基師幷慈訓師所
30	勝鬘経疏一部二巻元暁師述	在慶俊師所　又処々甚多也
31	卌経疏一部一四巻璟興師述	在大安寺玄智師幷在薬師寺弘耀師所及元興寺仁基師所
32	弥勒経疏一部三巻基師述	在宣教師所
33	瑜伽論抄二〇巻基師述	在宣教師幷慈訓師所
34	対法論抄一部一三巻基師述	在元興寺暁仁師所
35	唯識論要集一部一〇巻道勝師述	在宣教師幷慈訓師所
36	唯識論貶量一部二〇巻璟興師述	在興福寺光蔵師所幷善脩師所
37	対法論疏一部一三巻玄範師述	在宣教師及心道師所
38	顕揚論疏一部一二巻璟興師述	在元興寺書中　又在法隆師所
39	瑩隆師章一部二〇巻	在玄印師書中掌善和師　又在元興寺法隆師所
40	正理門論抄一部二巻備法師述	在宣教師所
41	因明論疏一部三巻備法師述	在元興寺義軌師所
42	四分律疏一部二〇巻首法師述	在薬師寺勤貞師所
43	又一部厲法師述	

44	智度論疏未知巻数肇法師述	在栄俊師所　但第一巻出而余諸巻未流布必請可写也
45	三論疏一部元庚師述	在栄俊師所
46	卌経疏一部五巻元暁師述	在薬師寺及右大臣殿書中
47	卌経疏一部六巻識法師述	在薬師寺弘耀師所
48	荘厳論疏一部未知巻数	在岡寺中　掌永金師也
49	維摩経疏一部未知巻数　神英師述	在観世音寺書中掌玄愷師
50	大毘婆沙（マヽ）論抄一部未知巻数　本立師述	在玄印師書中
51	倶舎論抄一部四巻璟興師述	在大安寺善勝師所
52	瑜伽論抄一部五巻元暁師述	在右大臣殿及宝業師所　又在栄俊師所
53	倶舎論三〇巻	憬大徳所
54	又疏一部三〇巻	
55	起信論疏二巻	
56	起信論私記一巻	
57	又疏一巻	
58	枢要私記二巻	
59	法花略述一巻	
60	小因明疏一巻	
61	宝性論科文一巻	
62	問答一巻	
63	文軌師抄一巻	
64	高僧伝略集二巻	
65	又仁王経一部二巻	
66	楞伽経疏四巻	輪大徳所

表8　「応請疏本目録」の記載内容（No.は表7に対応）

所在	仏典名	No.
栄俊師所	花厳経疏一部二〇巻宗壱師	1
	花厳章一部	3
	法花論疏一部三巻賓法師	17
	梵網経疏一部元暁師	20
	智度論疏一部肇法師	44
	三論疏一部元庚師	45
	瑜伽抄一部五巻元暁師	52
宣教師所	無量義経疏一部測法師	16
	法花論子注一部三巻	19
	唯識論要集一部一〇巻道勝師	35
	瑜伽論抄二〇巻基法師	33
	正理門論抄一部二巻備法師	40
慶俊師所	十地論疏一部七巻遠法師	4
	勝鬘経疏一部二巻元暁師	30
慈訓師所	瑜伽論抄一部二〇巻基法師	33
	唯識論要集一部一〇巻道勝師	35
	法花論疏一部三巻吉蔵師	18
	仁王経疏一部二巻恵浄師	29
元興寺法隆師所	深密経疏一部三巻玄範師	21
	又一部五巻璟興師	22
	又一部三巻元暁師	23
	顕揚論疏一部一二巻璟興師	38
	瑩隆師章一部二〇巻	39
右大臣殿	法花経疏一部五巻元暁師	14
	卅経疏一部五巻元暁師	46
	瑜伽抄一部五巻元暁師	52
	梵網経疏一部元暁師	20
薬(師)寺弘耀師所	卅経疏一部一四巻璟興師	31
	卅経疏抄一部六巻識法師	47
永金師所	荘厳論疏一部	48
	仁王経疏一部三巻測法師	25
理教師所	入楞伽経疏一部八巻元暁師	24
	中辺分別論疏一部三巻元暁師	11
薬(師)寺勤貞師所	四分律疏一部二〇巻首法師	42
	又一部厲法師	43
	仁王経疏一部二巻恵浄師(在正基大徳所)	29
観世音寺玄幾(マヽ)師所	維摩経疏一部	49
	起信論疏一巻曇遷師	6
承教師所	法花疏一部四巻霊範師	15
在大安寺法宣師所	起信論疏一部三巻延法師	5
聞在善季師所	法花論子注一部三巻	19
在承教師所	法花経疏一部四巻霊範師	15
在元興寺義軌師	因明論疏一部三巻備法師	41

在弘明師所	金光明経疏一部八巻元暁師	12
岡寺	金光明経疏八巻元暁師（マヽ）	27
	荘厳論疏一部	48
在元興寺知事勝叡師所	仁王経疏一部三巻吉蔵師	26
在元興寺暁仁師所	対法論抄一部一三巻基法師	34
在興福寺光蔵師 并善脩師所	唯（識脱）論貶量一部二〇巻璟興師	36
在元興寺義軌師所	因明論疏一部三巻備法師	41
在大安寺善勝師所	倶舎論抄一部四巻璟興師	51
在玄印師書中	大毘婆（娑脱）論抄一部本立師	50
同在玄印師所 又興福寺善和師所	无垢称経疏一部六巻璟興師	28
在大安寺玄智師所 幷元興寺仁基師所	卌経疏一部一四巻璟興師	31
在審詳師書中	密厳経疏一部三巻法蔵師	10
在此寺	花厳経方軌一部五巻智儼師 六〇巻経者	2
	起信論疏一部三巻法蔵師	7
	金剛三昧論一部三巻元暁師	8
	花厳教分記一部三巻法蔵師	9

令旨、可写件疏、此求他所、都無所得、承聞在大徳房中、仍差（使者の名…大艸注）令向、乞察事趣、須臾之間、分付此使、事尤切要、勿在隠惜、今以状牒」という依頼文の内容がほぼ一致している。これによると、他所へ求めたが得ることができず、大徳のもとに所蔵されていると「承聞」したので借用願いたい、とある。「承聞」というのは、いうまでもなく智憬から伝聞したことを指す。写経所が独自に入手した情報が、借用の際に活用されたわけである。日付から考えて、智憬からの情報提供は、勝宝三年（七五一）三月二十五日以前であったことも判明する。

ところで、智憬は写経所に情報提供した頃、写経所から造紙・校正・奉請仲介などの支援を受けて、『梵網経疏』の書写を行っていたらしい。このことは、勝宝三年五月の告朔案（食口案）に「十六人検智憬師所梵網経疏」などの記

表9　智憬からの情報をもとに請求した例

日付	宛名	請求仏典名	署名（太字は自署）	備考	出典
勝宝三・三・二十五	大安寺法宣大徳房下	起信論疏一部三巻延法師	主典正八位下紀朝臣池主 判官正六位下上毛野君真人 玄蕃頭正五位下市原王	六・十五日付草案あり（三ノ五一一）	正集四五 三ノ四九二～四九三
勝宝三・三・二十五	元興寺暁仁大徳房下	対法論抄一部三巻基法師撰	主典正八位下紀朝臣池主 判官正六位下上毛野君真人 玄蕃頭正五位下市原王	同日付草案あり（一一ノ五〇二）	正集四五 三ノ四九三～四九四
勝宝三・三・二十五	大安寺玄智大徳房下	涅槃経疏一部一四巻璟興師	主典正□□□□□□ 判官正六位下上毛野君真□ 玄蕃頭正五位下市原王		続々修一六ノ二 一一ノ五〇〇
勝宝三・三・二十五	玄印大徳房下	大毘婆娑論抄一部本立師撰	主典正八位下紀朝臣 判官正六位下上毛野君 玄番頭正五位下　　王		続々修一六ノ六裏 一一ノ五〇二
勝宝三・六・十四	宣教大徳房下	无量義経疏一部測法師撰 法花論子注一部三巻 唯識論要集一部一〇巻道勝師集 瑜伽抄二〇巻基法師撰 正理門論抄一部二巻備法師撰	主典従七位下紀朝臣池主 玄番頭正五位下　　王		続修別集六 三ノ五一〇～五一一

載があることや(35)、これに関連する奉請記録(36)・充紙記録(37)が残っていることなどから判明する。これはお

そらく、華厳宗におけるテキストの具備という目的による写経であると思われ、丁度この頃から六宗の宗派体制や教学研鑽が活発化することと関係が深い。智憬は、勝宝元年から東大寺の『華厳経』講説の講師を務めているが、[38]同五年頃には、華厳宗のみならず六宗の章疏具備に関しても、仲介的存在として写経所と関わっていた。[39]したがって、写経所は五月一日経の章疏類の具備、智憬は華厳宗をはじめ各宗のテキスト具備という急務作業を担ったことから、相互扶助的な実務連携を図ったようである。目的は違えど、両者ともに大仏開眼や一切経転読といった事情を背景としている点で共通する。するると両者の関係は、あくまで一時的な連携であったとも考えられてくる。しかし、表9に示したものとよく似た写経所の請求状は、勝宝元年九月九日付の文書にも見られる。造東大寺司牒（案）（続修別集六、三ノ三一九〜三二〇）には、「永金大徳御房」宛に、「牒、為本将写、件本難得、今承有房裏、奉請如前」とあり、先とやや表現は異なるものの、「今承有房裏」という誰かからの情報を得た旨が記されているのである。この場合も、智憬の場合ほど正確で詳細な情報ではなかったかもしれないが、おそらく僧による提供を受けたものとみられる。したがって、智憬だけを特殊な存在と見るべきではなく、写経所は必要に応じて蔵書情報を複数の僧尼から集積していたのである。なお、請求状に見られる「〇〇房下」「御房」「房裏」という宛名の表記は、出納帳に多く見られる「〇〇師所」という表記と通じるものと考えられる。この表記からは、先に見たように、写経所が所属寺院の三綱を介さず、僧個人とのやりとりを重視していたことを窺わせる。

また写経所は、僧宣教にも智憬からの情報提供に基づいて借用請求をした（表9参照）。これに対して宣教が翌日付で返答した文書が、「僧宣教疏本目録」（続々修一二ノ九、一二ノ八）として残っている。

无量義経疏一部測師撰右在岡寺伝聞智憬師受了
法花論子注一部三巻右在慈訓師所
唯識論疏一部十巻道証撰右在飛鳥寺真福師所
瑜伽論抄十六巻基師撰右在観音寺
正理門論一部二巻備師撰右在飛鳥寺神泰師所即豊浦寺華厳複師者
天平勝宝三年六月十五日僧「宣教」

これによると、依頼された五種の仏典は、いずれも手元にはないので、それぞれの現所在先を報告しているのである。ここで宣教は、請求された五種の仏典のうちの『無量義経疏』は、「右在岡寺伝聞智憬師受了」と記している。この記載は難解であるが、おそらく次のような経緯であったと推測する。

智憬からの情報提供によって、写経所は『無量義経疏』を宣教が所蔵していることを知った。これは、少なくとも三月二十五日以前である。ところが智憬は、自身が所蔵していたのか他から取り寄せたのか不明であるが、四月七日に写経所に同疏を貸し出したことが出納帳の収納記録に見える（出納帳G、二四ノ五二三）。これは巻数が一致するので、同一の疏とみてよい。これを受けての書写と思われる記載も、他史料に確認できる(40)。写経所は、書写を終えて六月七日にこれを返却したが、智憬より入手した蔵書リストからすでに書写が済んだものを除く前に、リストに基づいて宣教に借用請求した。これが六月十四日である。しかし宣教は、智憬から、その疏はすでに写経所に貸し出し書写も済んでいる、と聞いていた。そのため、自分が所蔵するそれは現在岡寺にあるが、すでに（写経所は）受け終わったと智憬師から聞いている、と記した。

以上のように考えると、僧界でも蔵書に関する情報が往々に流通しており、写経所で書写された仏典の情報も僧たちは共有し合っていたことがよく分かるのである。このことは、天平二十年（七四八）七月以前のものと思われる智憬の請求状に、「然伝聞、其司能書所写□」[41]とあることや、勝宝六年（七五四）二月二十三日付の僧善基による請求状に、「伝聞、東大寺多在」[42]とあることと、よく一致する。前者は、智憬が写経所と相互扶助的な実務連携を結ぶ以前であり、この時は、他の僧から写経所の書写・管理仏典に関する情報を間接的に収集することにより、写経所への請求を行い得たのである。これらの事例からすれば、智憬のような実務的連携によって写経所の情報に通じた僧の存在は、やはり一時期に限定する必要はない。僧界においても早い時期から、写経所の仏典に関する情報が重要視されていたのである。

このように、写経所も連携を結ぶ僧も、互いに情報を共有し合いながら実務を効率よく遂行していた。そして、僧尼たちが形成する蔵書に関する情報網の中に、写経所は確かに位置づけられるのである。神護三年（七六七）七月十三日付の奉写御執経所の請求状には「若无寺家者、衆僧中之」[43]とあり、寺家＝造東大寺司（写経所）[44]になければ衆僧が所蔵するものから奉請するよう依頼している。これも、写経所が持つ蔵書情報の豊富さに依拠してのことであろう。写経所官人は、造寺司政所や三綱を介さずに、多くの僧との連携や情報網を構築していたのである。このような実態が、写経所官人と僧との結びつきの促進に機能したであろうことは、言を俟たないであろう。

おわりに

写経所は、仏典の書写という仕事柄、ただでさえ外部交渉における僧との交流が多かった。これに加え、文書主義による基本原理に則った行政の一方で、現場作業＝写経およびそれに伴う実務を円滑に効率よく遂行するため、いわば現場主義的な実務体制により、独自に僧との直接交渉を行い、実務的連携を図り、情報を共有していたのである。造寺司政所や三綱を介さずに実務交渉を行っていたことや、僧界との情報網を構築していたことを踏まえると、写経所官人は、より多くの僧との個人的な繋がりをも獲得していたと考えられる。写経所の奉請実務から窺える現場の実態は、造石山寺所で見られた物資の貸借や立替などに通じるものと見てよく、したがって、そこから私的な交渉を行い得るまでの発展過程を推測するには、上記した僧正美状のような事例は十分であろう。

写経所には、実務上の繋がりを通じて僧界への口利きがある者が少なからずおり、直接的にも間接的にも、僧尼と私的な交渉を行うには格好の環境であったと考えられる。したがって、私的仏事における僧尼屈請や、自身ないし近親者の優婆塞貢進など、はじめに述べた写経所官人の縁故の問題は、写経所の実務に見る僧俗関係から説明がつくのである。官僧の民間への出入りなどが社会的問題として露呈してくる背景には、写経所に見られるような中央官司機構を媒介とする僧俗関係の実態が介在していたと考えることができる。

写経所は、その業務内容の性格上、僧との連携が重要な組織であり、なおかつ「所」という特殊な組織でもあることから、ここから窺える僧俗関係を他の中央官司のそれに敷衍させて論じることはできない。しかし、その点を差し引いても、造東大寺司における仏教行政の多様性を考えれば、被管の各「所」には、ある程度共通したものであったのではないかと考える。写経所が主に蔵書情報を必要としたように、造寺・造仏などにおいても、僧尼が有する知識や技術が活用されたであろうし、そのための現場主義的な実務体制が独自に採られたであろうことは、想像に難くない。したがって、巨大官司とされる造東大寺司のように、奈良時代の造寺官司の運営展開が果たした役割は、中央官司を媒介とする僧俗関係の発展過程の中で、大きな比重を占めていたものと考えられるのである。その一端を知る上で、写経所の実務から窺える実態は、重要な指標となるのではないかと思われる。

また、写経所における僧俗関係の緊密化が、寺院造営・写経事業などによる国家仏教の興隆や、六宗体制整備などの仏教界における展開と深く関わる点も、極めて重要である。造寺・造仏や写経事業をはじめとする王権・国家が主導する各種の仏教行政は、写経所官人のような雑任・白丁層の者たちがその末端を支えていた。仏教興隆策が推進されれば、必然的に現場作業や実務が繁忙になる。これに伴い、末端の人々は効率よく実務を遂行するため、現場主義的な体制により、僧との直接交渉・実務連携・情報共有などを独自に図り、僧界との間に人脈・情報網を構築していたのである。中央仏教界も国家仏教と連動して発展し、寺院運営や教学研鑽・宗派整備に伴う実務が増幅することで、俗官との緊密化が進捗したのである。これは、国家による仏教興隆策の展開が僧俗関係の発展を促すという、まさに国家から社会への影響過程の一端を具体的に示すものといえよう。

註

（1）『新日本古典文学大系』による。

（2）平栄については、牧伸行「東大寺僧安寛と平栄」（同『日本古代の僧侶と寺院』法藏館、二〇一一年、初出一九九四年）を参照。

（3）本郷真紹「律令国家と僧尼集団——国家仏教から教団仏教へ——」（同『律令国家仏教の研究』法藏館、二〇〇五年、初出一九九九年）。

（4）優婆塞貢進については、堀池春峰「優婆塞貢進と出家人試所」（同『南都仏教史の研究』上〈東大寺篇〉、法藏館、一九八〇年、初出一九五七年）、鬼頭清明「天平期の優婆塞貢進の社会的背景」（同『日本古代都市論序説』法政大学出版会、一九七七年、初出一九七二年）、中林隆之「優婆塞（夷）貢進制度の展開」（『正倉院文書研究』1、一九九三年）、佐藤文子「優婆塞貢進の実像とその史的意義」（『史窓』五〇号、一九九三年）などを参照。

（5）「奈良宮中中島院例得度注文」（続々修六ノ一裏、一〇ノ二六六）。他田水主については、佐久間竜「他田水主とその一族」（同『日本古代僧伝の研究』吉川弘文館、一九八三年、初出一九七一年）、野村忠夫「他田水主についての一・二の問題——美濃国から出身した一下級官人——」（同『古代貴族と地方豪族』吉川弘文館、一九八九年、初出一九七二年）、山下有美『正倉院文書と写経所の研究』（吉川弘文館、一九九九年）などを参照。

（6）上某優婆塞貢進文（続修別集四七、六ノ四〇五）。ここでは「貢正六位（上脱ヵ）上村主」としか記されていないが、この時期に正六位上の位階を有する上村主は、馬養しかいない。なお、上馬養については、鬼頭清明「上馬養の半生」（同『日本古代都市論序説』法政大学出版会、一九七七年）、山下有美『正倉院文書と写経所の研究』（註5前掲）を参照。

（7）沙弥慈窓経師貢進文（続修別集四七、六ノ一二六）、「僧平仁経師進上解」（続々修八ノ一九裏、一三ノ三三一）、「僧脩浄啓案」（続々修一八ノ六、一四ノ三七六11〜三七七4）、「大僧都法進経師貢上文」（続々修三九ノ一裏、一七ノ一七四）、「僧興弁経師貢上文」（続々修四〇ノ四裏、二三ノ三九）。

（8）「優婆塞貢進文案」（続々修三七ノ九裏、二四ノ二九七〜二九八）。辛国人成については、渡辺晃宏「金光明寺写経所の研究——写経機構の変遷を中心に——」（『史学雑誌』九六編八号、一九八七年）、山下有美『正倉院文書と写経所の研究』（註5前掲）を参照。

（9）某啓（続修四七、六ノ五六八～五六九）。多能は、景雲四年（七七〇）頃に写経所の使として度々見える（大日古六ノ三・七、一七ノ一六一・一六五～一七〇）。

（10）井上薫『奈良朝仏教史の研究』（吉川弘文館、一九六六年）、鷺森浩幸「奈良時代における寺院造営と僧——東大寺・石山寺造営を中心に——」（『ヒストリア』一二一号、一九八八年）など。

（11）この時期に見られる東大寺僧の実務介入は、実忠少鎮体制と関係が深いとされる。福山敏男「奈良朝に於ける写経所に関する研究」（『福山敏男著作集二　寺院建築の研究　中』中央公論美術出版、一九八二年、初出一九三二年）、加藤優「東大寺鎮考——良弁と道鏡の関係をめぐって——」（『国史談話会雑誌』二三号、一九八二年）などを参照。

（12）僧正美状の文意については、論者によって多少解釈が異なる。『書の日本史　第一巻〈飛鳥／奈良〉』（平凡社、一九七五年）、丸山裕美子「書儀の受容について——正倉院文書にみる「書儀の世界」——」（『正倉院文書研究』4、一九九六年）、栄原永遠男『正倉院文書入門』（角川学芸出版、二〇一一年）などを参照。

（13）吉田孝「律令時代の交易」（同『律令国家と古代の社会』岩波書店、一九八三年、初出一九六五年）、小口雅史「安都雄足の私田経営——八世紀における農業経営の一形態——」（『史学雑誌』九六編六号、一九八七年）。

（14）鷺森浩幸「奈良時代における寺院造営と僧」（註10前掲）。

（15）続修四三、五ノ六七。

（16）前者は大日古一一ノ三八六・三九八・四一〇・四一一～四一三・四二〇・四二一・四二五～四二七・四二九～四三〇・四三四、五ノ二四～二九、後者は大日古一五ノ四七一・四七四～四七七・四八二～四八三・四八八・四九四～四九五・四九七、五ノ二三。なお、両史料の復原については、岡藤良敬『造石山寺所関係文書・史料篇』（福岡大学総合研究所報一〇〇号別冊、一九八七年）を参照。

（17）古瀬奈津子「告朔についての一試論」（同『日本古代王権と儀式』吉川弘文館、一九九八年、初出一九八〇年）。

（18）「奉請」の意味・用例については、大平聡「正倉院文書に見える「奉請」」（『ヒストリア』一二六号、一九九〇年）を参照。

(19) 東京大学史料編纂所編『正倉院文書目録』一～六(東京大学出版会、一九八七～二〇一〇年)。以下、目録と略記する。

(20) このうちEについて、これが属する続々修第一五帙第九巻は一八紙からなり、第一紙と第三紙の間に白い紙がある(第二紙は、白い紙を指しているのか第一紙左端に残る戸籍継目裏書が半存する切れ端なのか、判断できない)。目録によると、第一紙(目録では①)の左に正集四一④裏が接続し、この左に本巻の第三紙(目録では②(1))が接続する。現状では第三～一八紙まで白い紙を介さずに貼り継がれており、裏も第一一紙を除いてすべて空なので、間本納返帳として一連のものとした。なお、大日古では第一一紙裏の記載(九ノ六〇九6～六一〇2)は、間本納返帳の一部として収録しているが、これとは無関係の反故文書と見られる。

(21) 以下、出納帳の出典表記は、表2に挙げたものは記号と大日古の巻数・頁数を、それ以外のものは後者のみを示す。

(22) 吉川真司「奈良時代の宣」(同『律令官僚制の研究』塙書房、一九九八年、初出一九八八年)。

(23) 吉川真司「奈良時代の宣」(註22前掲)は、官司内部での口頭伝達も文書行政を離れて存在したのではないことを指摘されている。

(24) 出納帳Cでは、例えば「依良弁大徳同月六日宣奉請」の左に「判長官宮」と記す場合があり(二四ノ一七六)、良弁の宣によるものであっても「判〇〇」などのように幹部が判許を下している場合が度々見られる。他にも同様の事例が確認できる(二四ノ一九二、一一ノ九・一一など)。このことから、良弁が写経所に対して幹部と同様の権限を有していたわけではないことは明らかである。

(25) 加藤優「良弁と東大寺別当制」(奈良国立文化財研究所創立30周年記念論文集刊行会編『文化財論叢』同朋舎出版、一九八三年)、鷺森浩幸「奈良時代における寺院造営と僧」(註10前掲)。

(26) 文書行政とは異なる政務の実態については、宣命や任官儀礼の視点から口頭伝達が有する機能の日本的特性などが指摘されているぐらいである。早川庄八「前期難波宮と古代官僚制」(同『日本古代官僚制の研究』岩波書店、一九八六年、初出一九八三年)、鎌田元一「律令制と文書行政」(岸俊男編『日本の古代第7巻 まつりごとの展開』中央公論社、一九八六年)などを参照。

(27)「東大寺僧教輪請書啓」(続々修一六ノ七、一三ノ一二一)。
(28)「僧明一啓」(続々修四一ノ七裏、一六ノ一七五)。
(29)写経所の事務操作の可能性について、外部との交渉に関する事例ではないが、現場の実態とは異なる帳簿上の処理方式がなされていたことが、すでに指摘されている。春名宏昭「百部最勝王経覚書」(『正倉院文書研究』1、一九九三年)を参照。
(30)『日本感霊録』第四縁(辻英子『日本感霊録の研究』笠間書院、一九八一年)。
(31)管見の限り、出納帳の中で三綱が奉請相手として見えるのは、送付先を「寺三綱所」(出納帳F、三ノ五四八)、「三綱所」(出納帳G、四ノ九五)と記す例と、借用元を「薬師寺三綱所」(出納帳G、二四ノ五一四)と記す例ぐらいしかない。また、「使三綱」(出納帳A、八ノ一八七)のように、送付の際の使として見える場合もある。
(32)物部益万呂は、他の史料に一切見えず、写経所に出仕していたかどうかも不明であるが、舎人とあることから、おそらく造東大寺司政所あたりの雑任であったと考えられる。
(33)このことは、すでに皆川完一「光明皇后願経五月一日経の書写について」(同『正倉院文書と古代中世史料の研究』吉川弘文館、二〇一二年、初出一九六二年)において指摘されている。
(34)五月一日経の写経事業の展開については、皆川完一「光明皇后願経五月一日経の書写について」(註33前掲)、山下有美『正倉院文書と写経所の研究』(註5前掲)などを参照。
(35)大日古一一ノ五一八～五二〇。
(36)出納帳E、九ノ六〇四～六〇六、および出納帳G、二四ノ五一六。
(37)大日古一〇ノ五五七。
(38)『東大寺要録』巻第五、諸宗章、華厳宗「東大寺華厳別供縁起」。
(39)山下有美「東大寺の花厳衆と六宗――古代寺院社会試論――」(『正倉院文書研究』8、二〇〇二年)、中林隆之「南都六宗の体制的整備」(同『日本古代国家の仏教編成』塙書房、二〇〇七年)。
(40)「写書所解」(続々修四〇ノ一裏、一一ノ五五五～五五六)。
(41)「僧智憬経疏送請啓」(続々修二四ノ六裏、一三ノ三七)。大日古はこの文書を勝宝五年に類収するが、紙背は天平二十年八月~翌七月の上日帳（大日古一〇ノ三六四2~三六五）として二次利用されているので、それ以前のものである。

（42）「僧善基請経状」（続々修一六ノ七、一三ノ六二）。

（43）奉写御執経所牒（続修別集三、五ノ六六八）。

（44）この場合の「寺家」は、造東大寺司を含めた東大寺全体を指すものと考えられる。「寺家」の用例については、井上薫『奈良朝仏教史の研究』（註10前掲）を参照。

第四章　造東大寺司と法会事業

はじめに

律令国家が行った仏教政策にはさまざまなものがあるが、概ね、僧尼の生産と統制、寺院の造営と管理、仏典の書写と普及、法会の執行というように大別できる。[1] 従来の研究では、主に前二者が、古代国家による仏教の興隆策・統制策として重視されてきたように思われる。その後、正倉院文書研究が著しく進展したことで、多くの個別写経事業の具体像も明らかにされてきた。これにより、奈良時代史における思想・教学や政局の情勢などの新たな側面を、浮き彫りにする可能性が開けてきたといえる。

一方、法会の執行に関する研究は、国家主宰の儀礼や各寺院の伝統的行事など、その起源や展開過程を個々に扱う場合が多く、行政的な法会体系を総体的に捉え、古代の王権史・国家史における意義を論じようとするものは少ないようである。後者の場合だと、七世紀の法会のあり方を検討した古市晃氏、[2] 八世紀を中心に検討した中林隆之氏、[3] 九世紀以降を分析した吉田一彦氏ら[4]による研究があるが、こういった成果が見られるようになったのは、ごく最近のことである。このため、仏教行政という側面においての法会に関する研究は、上記した他の政策に比すると、立ち遅れ気味であるといわざるを得ないのが現状である。

ただ、正倉院文書研究の進展により、写経事業に関する事柄とともに、法会事業に関する史料が写経所文書中に存在することが知られるようになってきたことは、注目に値する。これらを分析した中林氏は、天平期以降の法会体系を、律令制成立期における天皇・皇親の追善や王権の身体擁護などを中核とする護国法会、さらには神祇による思想・儀礼体系をも組み込んだ、盧舎那仏・如来蔵思想を頂点とする仏教総体の「花厳経為本」の一切経法会体制であったと構想されている(5)。とくに、王権主導による悔過法会などの実修において造東大寺司の関与が明らかになったことは、律令国家における仏教行政のあり方やその変遷を考える上で、大いに注目してよい。正倉院文書が写経所の帳簿群として伝来したものであるために、我々が知ることのできる造東大寺司行政の具体像は、ほとんどが写経事業になってしまうが、その仏教事業の多様性にも、留意しておかなければならないであろう。

造東大寺司と法会事業という問題は、この官司の、延いては律令国家の仏教行政の諸相を明らかにする上で、重要なテーマである。そこで本章では、造東大寺司関与のもとで行われた法会事業のうち、その具体像が窺えるものとして、宝字四年の随求壇所事業と、宝字八年の上山寺・吉祥悔過所事業を取り上げ、それぞれの事業内容や組織構造を検討する。その上で、両事業における運営実態の比較、法会事業からみる造東大寺司行政の諸相、八世紀における仏教政策のあり方などについて考えてみたい。

第一節　天平宝字四年の随求壇所事業

1　事業内容

宝字四年（七六〇）における随求壇所事業については、別に論じたことがあるので屋上屋を架する憾みがあるが、煩瑣な考証はできるだけ省略し、ここでは事業の内容・目的および組織の性格についての要点をやや詳しく述べることにしたい。(6)

当事業の関係史料は、次の四点である。(7)なお、断簡の左右端・紙背などの情報は、いずれも内容に関わる点がとくに見出せないので割愛する。

A　東寺写経所解（案）（続修後集五裏、一四ノ三四九〜三五八）
宝字四年十月三日の日付を持つ。当事業開始にあたって必要な用度物を申請する解文の草案であり、従事者に支給する衣類や供養料、直銭の用途などが記載されている。いわば、事業予算の見積書である。

B　随求壇所解（案）（続修別集二九、四ノ四三三〜四三七）
宝字四年十月十六日の日付を持つ。当事業での直銭の用途や供養料の支給状況を報告した解文であり、事業終了後に作成された決算報告の類と思われる。文面には、別筆で記されたと思われる追記が複数見られる。

C　随求壇所解（案）（続修別集二九、四ノ四三七～四四〇）

日付や事書をはじめ、Bと記載内容がほぼ一致するものであり、Bの写し（控え）であると思われる。これには、Bのような追記は全く見えない。

D「東大寺写経布施奉請状」（続々修四一ノ三、四ノ四四〇～四四四）

宝字四年十月十九日の日付を持つ。当事業の出仕者へ支給する布施の申請解案である。出仕者には、経師・校生・装潢・画師・堂童子・膳部の役職が見え、それぞれ本属官位・人名・仕事量・布施額が記載されている。

さて、当事業の開始については、Aの末尾に「以前、依去九□（月）□□日宣」とあり、Dの末尾にも「以前、依去九月廿七日宣」とある。これらから、事業開始の宣は、宝字四年九月二十七日に下され[8]、その五日後の十月三日に予算案のAが作成されたことが分かる。開始の宣が下ると、すぐさま随求壇所が組織され、人事・予算等の計画が進んだようである。

見積りが申請された後、本格的に事業が実施されたのであるが、AとDによると、仏典の書写作業が行われたことが分かる。Dの冒頭には、大仏頂陀羅尼と随求陀羅尼それぞれ一〇部一〇巻が書写されたとある。Aの冒頭では、『随求即得陀羅尼経』と『大仏頂首楞厳経』を修正して上記二種の陀羅尼が記されるが、修正前の経は本経として使用されたものと考えられる。さらに、Aに仏や僧への供養料が見えること、Bに「仏御供養七日料」と見えることから、陀羅尼の書写作業の後に七日間の仏事が行われたことも窺える。おそらく、書写された二種の陀羅尼による修法であったものと思われる。B・Cによると、僧が延べ一五人、沙弥が延べ一〇人計上されているので、彼らがその修法を行ったのであろう。

事業の予算案であるAでは、書写作業と仏事を合わせて一〇日間で見積もっているが、実際の書写作業と仏事に関する経過状況は、詳しく知ることができない。ただ、十月十六日付のBCによって決算報告がなされているので、この頃に書写作業や仏事などは終了していたと見てよい。そして、その三日後の同月十九日には布施申請文書のD（ただし草案）が作成されているので、間もなく経師以下の従事者へ布施が支給されたものと思われる。

なお、当事業の出仕者は、Dによって詳しく判明する（表1）。経師・校生・装潢・画師の計八人は書写作業に従事し、堂童子二人は仏事に奉仕したと考えられる。堂童子と膳部は布施申請の段階で抹消されているので、布施支給の対象とはならなかったようである。(9)

2　仏事の目的

随求壇所において執り行われた仏事は、陀羅尼による修法であったと思われるものの、史料からは、その様相を明らかにし得ない。ただ、Aに見える見積内容には、仏事の性格を知る上で看過できない

表1　D記載の布施申請の内容

役職	本属官位	人名	仕事量	布施額
経師	大学書博士・正八下	行田舎人直千足	写紙四〇〇張	布一端
	坤宮官舎人・少初上	手嶋連広成	写紙六〇〇張	布一端二丈
	散位・正七上	河内連浄成	写紙四〇〇張	布一端
	散位・大初下	秦家主	写紙六〇〇張	布一端二丈
校生	造寺司未選	阿刀連乙麻呂	校紙四〇〇張	布一丈六尺
装潢	右大舎人・大初下	荊嶋足	作紙二〇〇張	布二丈
画師	右大舎人・従八下	能登臣男人	上日八	功銭四〇〇文
	白丁	能登臣国依	上日六	功銭二四〇文
堂童子	散位・従八下	上村主馬養	上日一三	（抹消）
	散位・少初下	工広道	上日一三	
膳部	散位・従八上	物部角折	上日九	
	白丁	弓削首麻呂	上日九	
	白丁	丸部足人	上日九	

特徴がある。

Aをよく見ると、供養料の見積内容が三つに区別されていることに気づく。それぞれの見積内容の末尾には、「右、応奉写経仏頂《大》首厳楞経々師／等料、所請如件」、「右、可奉写随求即得陀羅尼経々師単廿人料《日》人別二升」、「右、奉仏《供養》并僧、所請如件」とあり、これらによると、随求陀羅尼を書写する二人と仏・僧が、それ以外の出仕者と別扱いされているのである。俗人と仏・僧とで異なるのはまだしも、俗人の中で随求陀羅尼担当経師だけが別扱いされている点は、注目に値する。

『随求即得陀羅尼経』によると、「仏告大梵先当二結壇一。於二壇四角一各安二一瓶一盛二満香水一。（中略）令下二書呪人一先澡浴清浄上。著二新浄衣一食二三種白食一。所謂乳酪粳米飯。無レ問二紙素竹帛種種諸物一。皆悉許三用書二写此呪一」[10]とあって、随求陀羅尼の書写法が説かれている。すなわち、三区分の二つ目の供養料は、この書写法の「三種白食」に相当するものと考えられるのである。[11]また、B・C記載の銭の所用には「卌文水瓶四口」と見えるが、これも書写法に、「壇の四角に各一瓶を安」置するとあるのと一致する。このことは、「随求壇所」という組織の名称がこの陀羅尼の名を冠していることとも矛盾しない。因みに、Dによると、随求陀羅尼は一巻八張、大仏頂陀羅尼は一巻一二張を要したことが分かるので、先の書写法を実践した経師は、D記載の仕事量から見て行田舎人千足と河内浄成であったことが判明する（表1参照）。

『随求即得陀羅尼経』には、説話を挙げて随求陀羅尼の功徳が説かれており、具体的・写実的にその効力が示されている。この説話は九つ見られるのであるが、その功徳を簡潔に示すと、(1)火は焼くこと能わず、(2)毒は害すること能わず、(3)他敵摧破、(4)罪障消滅、(5)海水の難を逃る、(6)産生安楽、(7)闘戦無傷、(8)悪魔退散、(9)刀難・夜叉・没溺を免れる、となる。なお、説話部分はないが、天災の止息と害虫・害獣の退散という功徳も(5)に続けて説かれている。これらを概観すると、一切の苦難を逃れるとか、害悪から身を守護するという功徳が目立つように感じられる。雑密的修法や陀羅尼の功徳としては、増益・調伏・息災・鈎召などがあるが、随求陀羅尼の効力は、増益のような積極的な現世利益の要素は弱いようである。したがって、この陀羅尼の功徳の特徴として、調伏・息災という性格が強いことを指摘することができる。随求壇所事業は、調伏・息災という効力をより期待したために、随求陀羅尼の書写法を実践したものであったとすれば、国家繁栄や五穀豊穣といった積極的な現世利益を祈願したものではなく、政敵や災害など何らかの不安要素を解消するために発願されたと想定されるのである。

なお、次に述べるように、随求壇所という組織は、王権と深い関わりをもって設置されたと考えられる。この時期の王権・国家が抱える不安要素としては、疫病の流行と新羅征討計画などが考えられ、当事業の発願理由には、これらの可能性を提示することができる。

3　組織の構成員

A～Dの奥書にある署名を見ると、AとDには、日下に「主典正八位上安都（宿禰）」とあり、「次官従五位下高麗（朝臣）」と「大僧都」の連署を予定している。[12]「主典正八位上安都（宿禰）」とは安都雄足のことであり、日下に署名していることから、AとDはともに雄足が作成した案文であるとみてよい。そして、連署が予定されていないB・Cは、日下に署名のある上馬養の作成になるものである。したがって、随求壇所における文書作成などの事務を担当したのは、主にこの二人であったことが分かる。

この二人の随求壇所での役割を知る上で注目すべきは、Bに見える淡墨や朱書による追記である。この追記は、随求壇所に充てられた支給物のうち、事業運営で消費しきれなかった分を他所へ転用したことを示す記載であるとみられる。例えば、Bの米残数の下方には、「一石借用東塔所付額田部竹志」とあり、米の残りは、一石を東塔所に「借用」（貸与）するため、額田部竹志という人物に付けたとある。ただ、これは抹消されて「五斗給上馬甘　五斗給坂田池主」と訂正されており、実際には上馬養と坂田池主に五斗ずつ給付されたようである。上馬養と坂田池主は、宝字四〜六年頃に東塔所の領を務めていた人物である。[13] また、末醤残数の下方にも「三升借用東塔所」とある。したがって、これらの追記は、東塔所に関係する経費に転用するために給付したことを記しているのである。さらに酢残数の下方には、「三升依経所借用」と見え、写経所へも転用したことが分かる。[14]

このような残物を他所へ転用するなどの措置をとったのは、その経歴から見て安都雄足であると考えてよい。雄足は、宝字年間に東塔所・写経所の別当を務めており、銭や雑物の転用・立替などの措置を度々行っているのである。[15] 造東大寺司の文書のやりとりにおいて、外部の組織へ提出する場合は、提出者側の責任者である別当や造東大寺司四等官による連署が必要なはずである。したがって、AとDはその連署形式から見て、造東大寺司外部へ宛てた文書であることは明らかであり、随求壇所の事業費を供給する人物ないし組織へ提出したもの（ただし草案）であると考えられる。これを作成し、日下に署名している安都雄足は、随求壇所において予算の見積りや残物転用などの裁量権をもって、事業の運営責任を負っていたのである。すると、随求壇所での雄足の役職は、別当であったとみて差し支えない。そして上馬養は、決算報告であるBを作成し、雄足に提出したと考えられるので、雄足のもとで案主の任に当たり、事務を掌っていたと考えることができる。馬養の経歴は後述するが、雄足が別当を務めていた写経所で案主を長らく担当しており、雄足による信任を得ていたことから、随求壇所の編成時にも事務担当官として登用されたのであろう。

ところで写経所は、宝字四年八月頃から翌五年五月頃にかけて、「奉写一切経所」というプロジェクト名で称されていた。これは、宝字四年六月七日に没した光明子の一周忌斎に供する一切経の書写事業が行われたためである。随求壇所事業が行われたのは、宝字四年九月末～十月中旬頃であり、この期間は奉写一切経所事業の真っただ中である。すると、随求壇所が組織されたことによって、事業運営に何らかの影響を及ぼした可能性がある。

史料D記載の出仕者一三人のうちの九人は、奉写一切経所にも出向していたことが確認できる。この九人全員が随求壇所事業の開始前・開始後ともに出向していたかは明確でないが、奉写一切経所の布施申請文書である奉写一切経所解（案）[16]に見える仕事量、および他の史料から推測すると、おおよそ表2のようになる[17]。これによると、奉写一切経所から随求壇所へ引き抜かれたのが四名、奉写一切経所への出仕が遅れたのが三名いたことになる。

山本幸男氏によると、奉写一切経所では、大多数の従事者が動員される計画であったが、実際には計画通りに召集できなかったらしく、労働力の確保という面で深刻な運営状況であったという[18]。その深刻さは、年明けの宝字五年正月に、奉写一切経所に出仕している官人の列見（成選の手続きとなる儀礼）への不参を報告している史料[19]から窺える。奉写一切経所の事務責任者は、従事者の欠勤を極力防ごうとするなどして、その差配に苦慮していたようである。すると、奉写一切経所にとっては、四人の引き抜きにしても三人の出遅れにしても、決して小さいリスクであったとはいえないであろう。また、安都雄足と上馬養は、この頃の写経所＝奉写一切経所でも別当と案主としてそれぞれ参加していたが、九月末から十月半ばまでの間は、随求壇所の任務に当たっていたことになる。したがって、

表2　各出仕者の随求壇所前後における動向

人名	宝字四年 八月～九月	宝字四年 十月	宝字四年 十一月～宝字五年 四～五月	出典（大日古）
行田舎人千足	奉写一切経所の経師	随求壇所	奉写一切経所の経師	一五ノ一〇六※
手嶋広成	不詳	随求壇所	奉写一切経所の経師	一五ノ一〇六※
河内浄成	不詳	随求壇所	奉写一切経所の経師・題師	一五ノ一〇五・一〇六※
秦家主	不詳	随求壇所	奉写一切経所の経師	一五ノ一一〇※
阿刀乙麻呂	不詳	随求壇所	不詳	
荊嶋足	奉写一切経所の装潢	随求壇所	奉写一切経所の装潢	一五ノ一一八※
能登男人	法花寺作金堂所の画師	随求壇所	不詳	一六ノ三一五
能登国依	不詳	随求壇所	不詳	
上馬養	奉写一切経所の案主・校生	随求壇所	奉写一切経所の案主・校生	一五ノ一一八※、一四ノ四二七～四四一
工広道	法花寺作金堂所の領	随求壇所	奉写一切経所の雑使	一六ノ三三、一四ノ四四一、一五ノ五九
物部角折	不詳	随求壇所	奉写一切経所の膳部	一五ノ三六
弓削首麻呂	不詳	随求壇所	不詳	
丸部足人	奉写一切経所の雑使	随求壇所	奉写一切経所？の雑使	一四ノ四二六・四三一、四ノ四五〇

・出典の※印は奉写一切経所解（案）（本文参照）。

人員差配などの事務的な面においても、奉写一切経所の負ったリスクは少なくなかったといえる。

このように、奉写一切経所の事業運営において労働力の確保が低調であったのは、随求壇所が組織されたことに起因すると考えられるのである。奉写一切経所事業は、藤原仲麻呂が発願したものであったと考えられているが、これに支障をきたす事業を企画・推進できたのは、仲麻呂自身か、最低でも、彼に比肩する実権を握る存在であったはずである。すると、随求壇所事業は、仲麻呂や孝謙上皇のような時の権力者による主導で行われた事業であり、王権・国家に関わる重要な施策であったと想定できるのである。

これに加え、安都雄足が十月二十四日頃に「行幸所」[20]へ参向していたという事実も注意を引く。「行幸所」とは、この年の八月から翌年正月まで淳仁天皇が行幸していた小治田宮のことを指し、孝謙上皇や仲麻呂も同行していたと思われる。雄足は、一時的に行幸先に出向いたのであるが、それが随求壇所事業の終了直後であること、そして彼が随求壇所の別当であったことからすると、この事業の完了に伴う業務報告のために赴いた可能性が高い。すると、やはりこの事業は、時の政権保持者の主導によるものと考えて間違いなさそうである。

第二節 天平宝字八年の上山寺・吉祥悔過所事業

1 事業内容

宝字八年（七六四）には、上山寺と吉祥堂という東大寺伽藍内の二つの堂舎[21]で悔過法会の事業が行われた。両悔過所の関係史料は、表3のごとくである[22]。このうち、a～eは上山寺悔過所に関するもの、f～nは吉祥悔過所に関するもの、oは双方に関するものである。

この二つの悔過事業については、関係史料が比較的豊富なため、山本氏[23]と中林氏[24]が、史料分析や事業の全体像についての検討を行っておられる。史料の復原や基礎的整理は山本氏の研究に譲り、ここでは事業内容の概略を、主に中林氏の研究に依拠して記しておく。その上で、両氏が深く言及されていない事業運営の実態について述べていきたい。

上山寺での悔過は、a～dによると、三月二一～十五日の一四ヵ日（二七日）であったとみられる。この悔過は僧七人によって修され、案主一人・膳部三人・雑使一人の計五人の俗人が出仕したが、菩薩像四軀の供養料は九日以降しか見えないので、途中から本尊を迎えて修された悔過であったと推測される。oには、『陀羅尼集経』一部一二巻の上山寺悔過所への奉請記録が確認でき、この経には不空羂索観音・十一面観音などの変化観音の功徳を説く経が収録されていることから、観音悔過であったと考えられる。なお、bには「上山寺御悔過所」などとあることから、発願主体が王権であったこ

表3　上山寺・吉祥悔過所関係史料

記号	史料名	現所属	大日古	山本	中林
a	「上山寺悔過所解案」	続々修四三ノ一七	一六ノ四七三～四七七	4	C-2
b	「上山寺御悔過所供養料物請用注文」	続々修四三ノ一七	五ノ四七八～四八〇	5	C-1
c	「上山寺悔過所解案」	続々修四三ノ一七	一六ノ四九九～五〇二	6	C-3
d	上山寺御悔過所解（案）	続修後集一〇	一六ノ五〇二～五〇四	7	C-4
e	上山寺悔過所銭用帳	続修後集一〇⑴＋⑵裏	一六ノ四七八～四八一	12	C-5
f	吉祥悔過所解	続修別集一〇⑥裏＋⑦裏	一六ノ四九三～四九六7	8	D-1
g	吉祥悔過所器注文	続修別集一〇裏	一六ノ四九六8～11	9	〃
h	吉祥悔過所解	続修別集一〇⑦裏＋続修四二⑭	一六ノ四九六12～四九七＋一三ノ一一七	10	〃
i	「吉祥悔過所銭用帳」	続々修四三ノ一〇	一六ノ四八六～四九二	13	D-3
j	「写経料雑物直注文」	続々修四三ノ二三	一六ノ一三〇～一三一	14	―
k	「吉祥悔過所銭納帳」	続々修四三ノ一二	一六ノ四九二～四九三	11	D-2
l	「上山寺悔過所雑物下帳」	続々修四三ノ一八	一六ノ四八四～四八六	15	D-4
m	上山寺悔過所油下帳	続修別集七⑩裏＋⑯裏	一六ノ四九八～四九九＋未収	16	D-5
n	吉祥悔過所解	続修別集三八	五ノ四六九7～四七〇4	⒀-45	C-6
o	「奉写経所本経論奉請幷借充帳」	続々修一七ノ七	一六ノ四三三～四三四	―	C-7

・f～hは、吉祥悔過所解案として三断簡より復原されるが、各文面と三断簡は不一致。
・「山本」は山本幸男註23論文、「中林」は中林隆之註24論文での史料番号を示す。

とが分かる。

吉祥堂での悔過は、fとhによると、宝字八年三月十七日から四月八日までであり、三七日と「悔過畢日」の計二二日間にわたり僧七人によって修され、案主一人・堂童子二人・膳部三人・仕丁四人・自進二人の計一二人の俗人が出仕した。この悔過は、『最勝王経』に説かれる吉祥天女に対する法会と考えられるので、本尊は吉祥天女塑像であったとされる。ただ、三月二十四日以降に仏像二軀（仏幷聖僧）の供養料が計上されていることから、上山寺でのそれと同様に、途中から二軀の客仏が迎えられたという。oには、宝字八年三月十六日に『最勝王経』七部七〇巻が「南吉祥悔過所」に奉請された記録があり、僧七人に一部ずつ供されたようである。

上山寺と吉祥堂で連続して行われた二つの悔過事業は、密接な関係を持つ。それは、吉祥悔過所の銭納記録であるkの冒頭に、「十六日納銭佰伍拾文上寺」とあり、吉祥悔過所に資する銭を上山寺での使用銭の残りから転用していることから判明する。すると、連続して修された両悔過は、実施された堂舎が異なるとしても、同一の財源によって実施されたものと考えられ、発願主体も同一と考えられるのである。

oには、吉祥悔過所に奉請された『最勝王経』に「一百部内之」と注記されており、天平二十年（七四八）に書写されたことが知られる百部最勝王経を使用している。この百部最勝王経は、阿倍内親王（孝謙天皇、この時は太上天皇）との関係が深い仏典であった(25)。さらに、宝字八年は藤原仲麻呂の乱が勃発する年であり、悔過が実修されたのは勃発前であるが、孝謙・道鏡派と仲麻呂派との対立が激化した頃である。このため、両悔過事業は、孝謙・道鏡派が政界における自己の権力の安寧、政敵である仲麻呂派の調伏を祈願したものと考えられる。また、上山寺で使用した『陀羅尼集経』も、oに「先坤宮一切経内」＝五月一日経内のものである旨が見え、光明子との繫がりが強い仏典であった。このことからも、やはり孝謙上皇の意思が介在していたとみられる。因みに山本氏も、五月二日（宝字七年?)付の法師道鏡牒(26)に、道鏡が上山寺僧の瑞瓊等に奉読せしめるべき『大般若経』三帙を奉請(借用)する旨が見えることから、上山寺が道鏡と繋がりを持つと考えられ、ここで修された悔過は孝謙・道鏡の意向を受けたものであったと推測されている。

なお、吉祥堂で行われた悔過は、後に孝謙=称徳天皇の主導によって恒例化が図られた宮中御斎会(『最勝王経』講会)や、畿内七道諸国国分寺における『最勝王経』講読と吉祥天悔過に連動するものであり、それらの恒例化の前提としても位置づけられるとされている。

2　組織の構成員

次に、両悔過所における官人の出仕状況についての私見を述べておく。

吉祥悔過所では、案主一人・堂童子二人・膳部三人・仕丁四人・自進二人の計一二人が予算書で計上されていたが、nの上日報告によると、三月の吉祥悔過所への出仕者は、舎人六名、自進三名に区別されている(表4)。仕丁については、nに記載がなく、iに「仕丁三田次」とあるように、一人の名が分かるのみである。仕丁は傜役による労務者であるから、上日が報告される必要はなかったのであろう。自進は三人の名が判明するが、予算書の段階では二名しか計上されていない。三名のうち、風速忍上は二日しか上日していないところを見ると、彼を除く二人が本来出仕する予定であった可能性が考えられる。委文古万呂は上日数が一〇とあるので、古万呂が不参になった分を忍上が代行した可能性もある。

そして、雑物の支給記録であるlには、米の支給対象として「僧幷舎人自進仕丁等」と記されており、自進と仕丁を除く出仕者を「舎人」とも称したことが分かる。したがって、上日記録の舎人六人は、予算書の案主一人・堂童子二人・膳部三人に相当するものと見てよい。随求壇所のように布施申請解に類する史料が残っていないため、名前が分かる六人がそれぞれどの職務を担当したのか定かでないが、この点について少し検討してみたい。

六人のうち、尋津荒馬は、吉祥悔過所での業務内容もそれ以外の経歴も全く確認できない。よって、残る五名の経歴と当事業での動向を確認しておく。

表4　n記載の3月の上日状況

出仕者		上山寺	吉祥堂
舎人	上馬養	15	12
	大私益床		15
	船大訳		18
	尋津荒馬		15
	波大稲持	15	15
	下部浄道	15	15
自進	風速忍上		2
	大生足人		14
	委文古万呂		10

上馬養(27)

この頃の官位は散位・従八位下。馬養は、天平末年頃から写経所の校生や領として名が見え、宝字元年（七五七）閏八月から写経所の案主になったようで、宝亀七年（七七六）の造東大寺司写経所の閉鎖まで案主を務めたらしい。彼は、写経所だけでなく他の部署の領も務めており、上記したように宝字四年四月〜閏四月頃に東塔所の文書に度々署名しているので、東塔所の領でもあったようである。宝字年間における写経所や東塔所では、安都雄足が別当を務めていたので、この時期の馬養は、雄足のもとで事務を担当することが多かったようである。また、宝字六年正月〜十一月頃には、造石山院所でも雄足のもとで領・案主を掌っていた。おそらく馬養は、雄足に事務・人員差配などの実務能力を買われていたのであろう。当事業では、予算案fや上日報告nを作成しており、銭用帳・iや銭納帳kにも署名予定が見られる。上山寺悔過所のa～eも、すべて馬養の筆跡であるとみられるので、彼は両悔過所において事務主管として勤務していたようである。なお、i・kで署名予定が多く見られるが、彼の自署が確認できるのは、iの三月二十四日の銭下記録のみであることから、馬養は実際には悔過所ではなく写経所で事務を行っていたと考えられる。つまり、両悔過所の事務局は写経所にあったと考えられるのである。

大私益床

氏を大私部にもつくる。官位は不明。本例の他には、勝宝二年（七五〇）八月二十八日付のものと思われる造東大寺司の上日解[28]に見えるのみである。当事業では、lの三月二十八日の記録に「大私益床南度」とある。この記載は中林氏の指摘の通り、米を「南」へ「度」すという意味で、oに「南吉祥悔過所」とあるように、写経所から見て南方に吉祥堂が存在したことからこのように表記されたものと考えられる。

船大訳

名を大長にもつくる。姓は連。位階は宝字七年五月に少初位上で[29]、官職は不明。宝字三年六月に法花寺作金堂所の領[30]、宝字七年四月～七月に写経所で校生を務めたらしいが、写経所領でもあった[31]。また、年月未詳文書にも写経所領とあり[32]、宝字八年九月には経師として見える[33]。当事業では、iとkに署名していることから、銭の下充や収納を行っていたことが分かる。買物注文のｊ・雑物下帳のｌ・油下帳のｍも、ｉとｋと同様の筆跡であるので、これらを作成・記録したのは大訳であったと考えられる。ｉの三月二十七日の銭下記録には、経所からの転用を示す記載が見えるので、彼は事務局のある写経所と悔過所との間を行き来しながら銭等の出納管理を行っていたようである。

波大稲持

氏を波太・波多・秦にもつくる。官位は不明。宝字二年十・十一月頃に石山領（石作領？）と見える[34]。また、作金堂所解（案）[35]によると、稲持は宝字四年四月～九月二十九日の間、法花寺作金堂所に領として一〇三日上日したとある。宝字五年十二月[36]と翌六年七月[37]には造東大寺司から造石山寺所への雑使として見える（後者には部領とある）。この他、年月不詳の文書にも見える[38]。当事業では、ｉに度々見える「波太（多）舎人」が彼であろう。この記載は、「可返上〇文」などとあるように、物資を調達するために銭を充てられ、釣銭を報告したことを示すと考えられる。買物使などを度々こなしていたようである。

下部浄道

官位は不明。年月未詳の「北倉代中間下帳[39]」に、小幡二五旒を吉祥悔過所へ貸与した際の記録に使として見える。当事業では、ｉに「下部舎人　返上三文」と見える人物であると考えられ、三月二十日に波太稲持と同様に使として直銭を下充されたようである。また、ｊには「用下部舎人卌文車賃」

ともあり、やはり物資調達の使となっている。

以上の分析によると、まず案主は、上馬養と船大訳のどちらかであったと見てよい。おそらく、写経所に常駐していた馬養であった可能性が高い。他の出仕者は、度々使になっているぐらいで、堂童子や膳部として出仕した形跡がないが、随求壇所で馬養が案主と堂童子を兼務していたように、当悔過所の出仕者も、堂童子・膳部の任に就きながら実務的な雑用をこなしていたと考えられる。なお、吉祥悔過所では案主と堂童子が区別されているので、馬養が堂童子でなかったことは明白である。

そして、船大訳と波太稲持は、その経歴から見て膳部であったとは考えにくい。この消去法からすれば、残りの大私益床・尋津荒馬・下部浄道の三人が膳部であったということになる。下部浄道と尋津荒馬については何ともいえないが、大私益床は、上記したように、当事業において一度だけ米を写経所から受け取っており、食事供養の調理を担当していたと見ても不自然はない。このように考えると、船大訳と波太稲持が堂童子としての業務を担当していた可能性が最も高いと考えられる。後述するが、この二人は随求壇所で堂童子を務めた二人と経歴が似通っており、この時期の堂童子の任用には何らかの規則性が存在したと考えられる。よって吉祥悔過所では、上馬養が案主を、船大訳・波太稲持が堂童子を、大私益床・尋津荒馬・下部浄道が膳部を担当したと考えられる。

なお上山寺悔過所では、案主一人・膳部三人・雑使一人の計五人が出仕を予定されていたが、これらの担当者の人名は、nに見える上馬養・波太稲持・下部浄道以外には全く不明である。nの三月の上日報告は、冒頭に「吉祥悔過所解」とあるので、上山寺悔過所のものではない。つまり、上山寺悔過所出仕者のうち、吉祥悔過所に出仕しなかった者は記されていないのである。上馬養は案主を担当したと見て間違いないが、波太稲持と下部浄道は吉祥悔過所での検討から推すと、前者が雑使で後者が膳部であったと思われる。

第三節　造東大寺司行政としての法会事業

随求壇所と両悔過所は、いずれも写経所と密接な関係を持って組織され、写経所案主であった上馬養が両事業の案主も務めたことから、その関係史料がある程度まとまって写経所文書とともに伝来したのである。このため、造東大寺司における法会事業の内容が詳しく分かるのは、この二例のみである。

ただ、造東大寺司行政における法会事業の実施は、少なくとも宝字年間にはある程度一般化していたものと考えられ、上記二つの事業を除いても、法会事業に関する運営組織が造東大寺司に設置されたケースは、決して少なくなかったと思われる。断片的ではあるが、法会事業ないしその運営組織として、次のような例が正倉院文書に散見するからである。

㋑天平二十一年（七四九）正月～二月の「悔過所」（大日古一〇ノ三三八・三五二）(40)
㋺勝宝五年（七五三）二月の「紫微中台十一面悔過所」（大日古四ノ九二）
㋩勝宝五年四月の香山寺での悔過事業（大日古三ノ六二六）
㋥勝宝五年五月の「十一面悔過所」（大日古一二ノ四四〇）

㋭勝宝六年四月の「大才弁天女壇」（大日古三ノ六五〇）
㋬勝宝八歳七月の「壇法所」（大日古一三ノ一七〇）
㋣宝字二年（七五八）八月の「千手千眼悔過所」（大日古一三ノ四八五）
㋠宝字六年四月の香山薬師寺の「薬師悔過所」（大日古五ノ一九四）

これらのうち、㋑は、『続日本紀』天平勝宝元年（七四九）正月丙寅朔条に、「始レ従二元日一七七之内、令三天下諸寺悔過、転二読金光明経一。又禁二断天下殺生一」(41)とある七七日の悔過に関する組織で、天下諸寺のうち東大寺でのそれを担当したとみられる。㋺と㋥の十一面悔過所は同一組織であるとみられ、紫微中台で組織された可能性が高い。㋬は、写経所の食口案に見えるもので、「瑩《永》俊師壇法奉造《仏像》」のために画師などが食口として計上されている。㋣は、菅原寺など平城京内の諸寺院に設置されたものであるが、造東大寺司が組織運営に関与した可能性もある。(42)㋠は造東大寺司被管の造香山薬師寺所が担当したもので、㋩もこれと同様に考えてよい。この他にも、造東大寺司が密接に関係した例として、天平末年や勝宝年間における仁王会の事業が、中林氏によって指摘されている。(43)

このように、事業内容や組織に関する詳細は不明であるものの、造東大寺司関与のもとで行われた事業は決して少なくないと考えられる。それらが断片的にしか見られないのは、写経所ないし写経所官人が運営に直接関わらなかったことに起因するとみられるが、造東大寺司が運営に関わったという点を考慮すると、随求壇所や両悔過所とほぼ同様の運営実態を、ある程度一般化できるのではないかと考えられる。そこで、両事業に共通する点として、官人の出仕形態について見ておこう。

随求壇所では書写作業を伴うことから、経師・装潢・校生・画師等の出仕が見られたが、案主・堂童子・膳部という出仕形態は、両事業に共通する。案主と膳部は、必ずしも法会事業にのみ必要な職務ではないが、堂童子は、写経事業の見積書に確認できるケースが管見の限りなく、法会事業に深く関わる業務形態であったと想定される[44]。

『延喜式』によると、御斎会・国忌・仁王会などの法会の施行細則に、官人が堂童子を務めることが規定されている。その職務内容は、御斎会の場合を『儀式』巻五「正月八日講最勝王経儀[45]」によって見てみると、

図書寮雑色生左右各二人先進就二花机下一、次官人各一人就レ之左西面、右東面、次堂童子進北面列跪、生各一人起取二花筥一相伝後授二官人一、受レ之授二堂童子一、堂童子以レ次伝授、訖堂童子自レ下起進跪授二衆僧一初堂童子起畢図書寮官人率二生等一各復座、訖各復座、（中略）衆僧依レ次起座降レ階帰レ房、皇太子先出、親王以下次レ之、
自二当日夕講一迄二十三日夕講一、只夕有二堂童子講読師并衆僧前執蓋等一、自余不レ須、

とあるように、衆僧へ花筥を伝授し、衆僧の退出の際に房まで「衆僧前」「執蓋」とともに陪従するなど、基本的に僧の傍らに供奉することを任務とする。定かでないが、この堂童子は五位官人が務めるものと考えられ[46]、火炉の火を備える堂童子は図書寮所属の雑色人一二人を用いるとも見える[47]。また、国忌の場合も、『延喜式』式部省下国忌条に、「左右堂童子各五位四人。六位以下六人。左右執行水各六位以下八人。左右衆僧前各五位二人。六位以下二人。治部玄蕃在此員内。[48]」とあるように、御斎会の場合とほぼ同様の職務内容と見てよく、五位・六位以下が任じられた。御斎会や国忌という王権に関わる重要な法会では、五位・六位クラスの官人が堂童子を務めたのであり、ある程度の位階を持つ者が任命されたのである。さらに、『延喜式』中務省堂童子名簿条には、

凡薬師寺三月最勝会堂童子。王氏内舎人六人。興福寺三月国忌御斎会。若有二閏月一者。修二其月一「也」。即十月維摩会等堂童子。藤氏内舎人各六人。前五日差点。其名簿入二太政官一。

とあるように、法会の性格や挙行される寺院などの事情によって、それに適した者が任用されたことが分かる。このように、各法会の堂童子は、雑用といっても、法会という厳粛な場で供奉する任務であるため、誰でも務めることができるわけではなく、律令官僚制上の分掌や序列、さらに法会の性格・執行場所などによって、それに相応しい者を任用するよう明確に定められていたのである。

　さて、宝字年間の随求壇所と吉祥悔過所の場合、前者で堂童子を務めたのは上馬養と工広道であり、後者は船大訳と波太稲持が務めた可能性が最も高い。興味深いのは、この四人の経歴である（表5）[49]。四人はいずれも、造東大寺司被管の各「所」において、案主・領・雑使などの管理的実務職を歴任している点で共通しているのである。案主や領は比較的責任の重い職で、造東大寺司内部の実務や外部との交渉に通じ、寺家や僧界との関わりも深い存在であった（本書第三章）。彼らが務めた堂童子は法会事業で設置された職掌であることから、法会において僧の傍らに供奉する役目を務めたものと考えられるが、四人の官位から見て、律令官僚制上の分掌や官位序列に応じて任用されたのではないことは明らかである。中野千鶴氏によると、堂童子は、特定の殿舎・建物と密接に関連するという性格が窺えるとされる[50]。上記四人の場合にかかる性格を窺うことは難しいが、少なくとも、造寺行政を含む東大寺内の俗的実務に通じていたという点に、任用された要因を想定することは可能であろう。

　堂童子は、『西琳寺縁起』[51]に見えるものや『霊異記』[52]に見えるもの、または飛鳥池出土の木簡[53]に見えるものが早い例である。これらからは、少なくとも奈良時代初期に寺院常住の身分ないし役職としての堂童子が確かに存在したことが窺える。したがって、堂童子という存在形態は、本来寺院に所属する俗人が務める役職ないし身分であったとみられ、善光寺や東大寺など現在まで伝わっている堂童子は、その本来の存在形態を引き継いだものと考えられる[54]。しかし古代においては、国家的法会である場合に特定の官人が務めるよう規定されており、明らかに寺院所属のそれとは趣を異にしている。この官人任用型の堂童子の形成過程において、造東大寺司の法会事業に見られる堂童子は、重要な位

表5　堂童子四人の経歴と本属官位

人名	経歴	本属官位
上馬養	写経所案主…宝字一年閏八月~宝亀七年 東塔所案主…宝字四年四月~閏四月頃 造石山院所案主…宝字六年一~十一月頃 その他、写経所校生など	散位・従八下
工広道	写経所雑使…宝字二年七~十一月頃 法花寺作金堂所領…宝字四年四~九月頃 造石山院所領…宝字六年一~五月頃 造物所雑使…宝字七年一月	散位・少初下
船大訳	法花寺作金堂所領…宝字三年六月頃 写経所領・経師・校生…宝字七年四~六月 写経所経師…宝字八年九月	少初上
波太稲持	石山（石作？）領…宝字二年十~十一月 法花寺作金堂所領…宝字四年四~九月 造東大寺司雑使（部領）…宝字五年十二月~六年七月	不明

置づけになるのではないか。すなわち、官人の職掌としての堂童子の淵源は、造東大寺司という官司の特殊なあり方にあると考える。奈良時代中期の仏教行政を大々的に担い、その末端で働く下級官人たちの仏教事業における実務能力の高さが、かかる職掌を生み出したものと考えられるのである。東大寺においても、寺家に所属する堂童子が存在した可能性はあるが[55]、彼らよりも造東大寺司官人、とりわけ幹部より下部クラスの事務官たちが、堂舎の管理や物品の出納、僧との連携など寺内の俗的実務により精通していたようなのである。そして、奈良末〜平安初期に国家的法会体系の再編が行われ、実施される法会の種類や運営組織に変化が見られたものの、運営細則の骨子は継承され、官人の職掌として存続したものと推測されるのである。

このように、堂童子の任用には、宝字年間の段階ですでにある程度の規則性が窺えるのであり、この頃には法会事業の運営細則の骨子がある程度制度化ないし通例化していた可能性が高いといえる。つまり、造東大寺司での法会事業の運営は、決して例外的ではなく、上記した㋑〜㋠などの法会事業においても、随求壇所や両悔過所に見られたような運営形態がとられていたものと考えられるのである。したがって、法会事業に際しては、別当や案主・膳部・堂童子・雑使などが、造東大寺司官人（他官司からの出向者を含む）から任用され、仏・聖僧や僧の供養料等を見積り、僧に供奉するなどして、法会の実修に直接的に関わっていたものと考えられる。造東大寺司内では、法会事業を専門とする部署は恒常的には設置されなかったようであるが、プロジェクト組織として臨時的な「所」が置かれ[56]、法会事業の運営を担当していたと考えられる。これは、個々の法会が写経事業ほど頻繁に行われることがなかったためであろう。そうであるとしても、造東大寺司が行っていた仏教行政には、造寺・造仏や写経の他に、法会に関する事業をも想定する必要があるのである。

ところで、律令国家が規定するところの仏教行政の担当官司としては、治部省被管の玄蕃寮、および宮内省被管の図書寮がある。当然、王権・国家に関わる法会事業も、法制上は両官司の管掌である。例えば、「養老職員令」図書寮条には、図書寮の職掌として「宮中礼仏」が見えるが、その義解に「謂。宮中諸作仏事也。（中略）其京外者玄蕃掌[57]」とある。また、同令の玄蕃寮条には、その職掌として「供斎」と見え、同条集解に見える義解および「穴記」には、「謂、供㆓宮内幷在京仏事㆒也。穴云、供済、謂、七大寺及宮内並知也。不㆑云㆓内外㆒之故也[58]」とある。すなわち令制上は、国家的法会の運営に関しては図書寮ないし玄蕃寮が関与し、宮中の場合は両者ともに担当し、宮中以外の寺院での場合は後者が担当することになっていたのである[59]。

確かに『延喜式』では、図書寮や治部省および玄蕃寮の項に、法会に関する運営細則が多く規定されているが、その法会体系の序列や整備について分析した吉田氏[60]は、それらの大枠が九世紀に確立したものであることを指摘されている。そして、造東大寺司が関与した法会事業のうち、東大寺での法会であっても玄蕃寮が関与していた形跡は窺えず、宮中御斎会に連動する吉祥悔過を除くと、恒例化したものもあまり見られないのである。したがって、国忌を除く『延喜式』の法会体系が八世紀の段階で確立していなかったことは、この時期の王権主導による法会執行が、図書寮ないし玄蕃寮が関与した場合よりも、造東大寺司が担当した場合の方が多かったことを示していると思われる。

このように、造東大寺司は、寺院造営、写経事業による仏典の整備・普及、そして法会の実修などにも深く関与していたのであり、その運営期間中に限っていえば、僧尼の生産・管理を除く仏教行政の主たる担い手であったということができる。

おわりに

以上、造東大寺司と法会事業という問題について、宝字四年の随求壇所事業と宝字八年の上山寺・吉祥悔過所事業を取り上げ、その運営実態の一般化を試みた。そして、当該期の仏教行政のあり方において、造東大寺司の存在の大きさをも指摘した。最後に、法会事業から見る造東大寺司の仏教行政が、歴史的・社会的に如何なる意義を持つのかについて、拙い私見を述べておきたい。

勝宝四年（七五二）四月に行われた東大寺大仏開眼供養について、『続日本紀』は「其儀一同二元日一」[61]と記している。「元日」とは、毎年元旦に行われる朝賀儀礼であり[62]、八世紀以降において、君臣関係や律令官僚制秩序の確認が最も端的に果たされた儀礼である。すなわち聖武天皇は、仏教的国王観のもとに、自身の国土統治の正当性と君臣秩序を表象しようとしたのである。勝宝元年には「花厳経為本」の詔を発していることから窺えるように[63]、それが『華厳経』を核とする仏教理念によるものであったことは確かである。したがって、造東大寺司関与のもとで行われた儀礼の多くが、大仏＝盧舎那仏が造立された東大寺の、とりわけ王権と深い繋がりを持つ伽藍域諸堂で実修されたことを踏まえれば、それらが東大寺を中心とした法会体制に組み込まれたという中林氏の提唱は、一定の説得力を持つ。[64]このことは、聖武～称徳時世において、東大寺が官大寺の中で筆頭的地位にあったと考えられることとも矛盾しない。

八世紀における仏教理念・思想やその行政、とりわけ聖武～称徳時世のそれを、その前後の時代とは異なる特有のあり方として想定することに異論はない。この時期の仏教行政は、律令的な統制策よりも、聖武・光明子・孝謙（称徳）らによるそれぞれの権威の補強という側面が強いとされる[65]。そういう意味で、法会事業をはじめとする造東大寺司行政は、この時期の仏教の特異なあり方を反映したものであることは間違いないといえる。それを、中林氏のように、一切経法会体制という体系的な枠組みで捉えることに問題がないわけではない[66]が、少なくとも、王権の意向が仏教政策に全面的に打ち出される中で、造東大寺司が、「王権直属の法会遂行のための実務機関としての役割をも果たしていた[67]」と評価することはできよう。

このように、奈良時代、とりわけ聖武～称徳朝においては、律令行政とは異質な仏教行政のあり方が見られるのであり、それを体現する組織として造東大寺司の行政が展開した。ただ、この時期に造東大寺司運営のもとで行われた法会事業は、中林氏がいうような一定の枠組みを持った仏教理念に基づくものであったかもしれないが、随求壇所事業や悔過所事業のように一回性のものも少なくなかったはずである。すると、各法会事業の発願者如何によっては、国内における政治史的な意義についても異なってくる可能性があるし[68]、少なくとも、一つの枠組みに包摂されるものとして捉えるだけでなく、時々の政治や社会情勢を背景として実施されたという側面も軽視すべきではなかろう。

また、この時期の仏教行政の特異なあり方が、一般社会にも強い影響を及ぼしたであろうことも、想像に難くない。これまでは、王権のイデオロギー的側面から、神仏習合思想や悔過といった儀礼の実施を普及させた王権側の政策として捉える向きが強かったように思われる。しかし、この時代の仏教興隆を体現する造東大寺司という組織には、多くの下級官人や民間人が出仕し、その仏教行政の末端を担っていた。正倉院文書から窺えるその実態とは、写経事業が大半になってしまうが、本章で検討したように、法会事業において僧に供奉するなどの業務を担うこともあったのである。彼らは、種々の業務に携わることにより、写経事業からだけでは窺えない、僧尼や寺院との連携、法会における場の荘厳や作法の実践など、さまざまな面で仏教と関わりを持つ機会を有していたのである。したがって、造東大寺司という組織の展開は、国家による仏教興隆策の内実を示すものであると同時に、それによる一般社会への影響過程の一端を具体的に示すものでもあるのである。

註

（1）本郷真紹「律令国家仏教の成立と展開」（同『律令国家仏教の研究』法藏館、二〇〇五年、初出一九八七・九三年）。

（2）古市晃「七世紀倭王権の君臣統合」（同『日本古代王権の支配論理』塙書房、二〇〇九年、初出二〇〇七年）、同「四月・七月斎会の史的意義――七世紀倭王権の統合論理と仏教――」（右同書所収、初出二〇〇七年）。

（3）中林隆之「護国法会の史的展開」（『ヒストリア』一四五号、一九九四年）、同『日本古代国家の仏教編成』（塙書房、二〇〇七年）。

（4）吉田一彦「古代国家の仏教儀礼と地域社会」（『芸能史研究』一九二号、二〇一一年）。

（5）中林隆之「護国法会の史的展開」、同『日本古代国家の仏教編成』（ともに註3前掲）。

（6）拙稿「天平宝字四年の随求壇供」（『仏教史学研究』五四巻二号、二〇一二年）。

（7）この他、「随求壇所銭用注文（?・）」と題する断簡が大日古に収録されている（二五ノ三〇一～三〇二）。しかし、記載内容を見ても随求壇所に関係する文書とは考えられず、大日古が上記のように題する根拠が全く不明である。よって、ここではこの断簡は省く。
(8) Aで宣の日付を記す箇所は破損しているが、宮内庁正倉院事務所編『正倉院古文書影印集成』一一〈続修後集裏　巻一～四三〉(八木書店、一九九七年) の解説九頁では、「去九月□八日宣」と判読しており、Dの「去九月廿七日宣」とある日付と異なる。Aの当該箇所は影印では判読できないので、ここではDの記載に従い、宣の日付は九月二十七日と見ておく。
(9) これに関して、中村順昭「律令制下における農民の官人化」(同『律令官人制と地域社会』吉川弘文館、二〇〇八年、初出一九八四年) は、画師の場合に上日数によって功銭が算出されていることから、他の実務官らも上日数に応じて布施が支給されたと推定されている。しかし、氏も述べられている通り、布施の対象者は、経師・装潢・校生など、画師も含めて現業員 (写経生) に支給された事例しか知られていない。山田英雄「写経所の布施について」(同『日本古代史攷』岩波書店、一九八七年、初出一九六五年) は、「経師らの労働量は普通の官人よりはるかに多いのであるために特別に出来高に応じて布施を与えたものと考えられる」(三七一頁) と述べられている。
(10) 『大正新脩大蔵経』第二〇巻、六四一頁c。
(11) 三種白食については、『望月仏教大辞典』「三白食」項を参照。
(12) 「次官従五位下高麗 (朝臣)」は高麗大山 (背奈王)、「大僧都」は良弁のことであるが、彼らがどのような形で関わったのかは明確でない。山下有美『正倉院文書と写経所の研究』(吉川弘文館、一九九九年) 一三〇頁の註16では、良弁を当事業の発願者と見ておられるが、仏事に僧や沙弥が参加していることからすると、事業への僧尼参加の認可のために、僧尼統制を職務とする僧綱 (大僧都) の署名が必要とされたとも考えられる。
(13) 大日古一四ノ三八六・三九〇・三九一。
(14) 「依経所借用」という表記は、おそらく「経所への借用に依」って残物を消費したという意味であろう。同様の用例として、天平二十年 (七四八) の百部最勝王経書写事業の消費状況を記した帳簿に、「依」という表記が見える。春名宏昭「百部最勝王経覚書」(『正倉院文書研究』1、一九九三年) を参照。
(15) 雄足の経歴に関して、経歴の全般的なことについては、山下有美「安都雄足――その実像に迫る試み――」

(栄原永遠男編『古代の人物3 平城京の落日』清文堂、二〇〇五年)を、別当の職掌や権限については、同『正倉院文書と写経所の研究』(註12前掲)を、彼の東塔所における活動および「私経済」については、山本幸男「造東大寺司主典安都雄足の「私経済」」(『史林』六八巻二号、一九八五年)を参照。

(16) 続々修二ノ一、一五ノ一〇三〜一一九。

(17) 宝字四年正月十五日付東寺写経所解(案)(続修後集五、一四ノ二九二〜三〇〇)によると、この時期の一日の平均仕事量は、経師が人別写紙七張、装潢が人別作紙五〇張、校生が人別校紙六〇張ほどであったことが知られるので、これをもとに算出した。

(18) 山本幸男「天平宝字四年〜五年の一切経書写」(同『写経所文書の基礎的研究』吉川弘文館、二〇〇二年、初出一九八八年)。

(19) 大日古一五ノ三3〜11、四ノ五〇三、一五ノ五10〜六1、一五ノ六2〜9。

(20) 宝字四年十月二十四日付の請暇不参解(続々修二ノ六裏、一四ノ四四七〜四四八)の検閲署名に、「造東大寺司主典安都宿禰参行幸所」とある。

(21) 上山寺は、東大寺寺地内にあったものと考えられるが、乾漆の菩薩像四軀が安置されていたことぐらいしか分からない。吉祥堂は、『東大寺要録』巻四、諸院章によると、天暦八年(九五四)に焼失したことが見えるが、再建されたかどうかは不明である。いずれも福山敏男「東大寺の規模」(角田文衞編『新修国分寺の研究第一巻 東大寺と法華寺』吉川弘文館、一九八六年)を参照。

(22) この他に、「仏聖僧供奉料物注文」(続々修四三ノ二二、一三ノ一一八〜一二〇)という史料が存在する。これも、両悔過所事業に関するものと考えられ、おそらく、上山寺での悔過開始から吉祥堂での悔過開始までの時点で、後者の供養料見積りの参考にするために、仏や聖僧一単位当たりの数量と品目をメモしておいたものであろう。

(23) 山本幸男「天平宝字六年〜八年の御願経書写」(同『写経所文書の基礎的研究』吉川弘文館、二〇〇二年)。

(24) 中林隆之「悔過法要と東大寺」(同『日本古代国家の仏教編成』塙書房、二〇〇七年)。

(25) 春名宏昭「百部最勝王経覚書」(註14前掲)、栄原永遠男「その後の百部最勝王経」(同『奈良時代写経史研究』

塙書房、二〇〇三年、初出一九九五年)。
(26) 続修五〇、二五ノ三四七。
(27) 馬養の経歴については、鬼頭清明「上馬養の半生」(同『日本古代都市論序説』法政大学出版局、一九七七年)、山下有美『正倉院文書と写経所の研究』(註12前掲)を参照。
(28) 丹裏文書八〇号外包裏、二五ノ一三三。
(29) 大日古一六ノ三八四。
(30) 大日古一四ノ二八四。
(31) 大日古一六ノ三二九・三三一。
(32) 大日古一四ノ三六五。
(33) 大日古一六ノ三七〇。
(34) 大日古一四ノ五一・二六七。
(35) 続修三七⑶裏、一六ノ三一〇～三一一3＋同⑴裏、一六ノ三一一12～三一五＋続々修四二ノ一⑮、四ノ四四四～四四五。
(36) 大日古四ノ五二五～五二六。
(37) 大日古五ノ二四三。
(38) 大日古一六ノ三四〇。
(39) 続々修四四ノ九、一六ノ五八四。
(40) 因みに、表記が若干異なるが、「供奉卌九日悔過」(大日古一〇ノ三四〇)と見えるのも、同一事業である。
(41) 『新日本古典文学大系』による。
(42) ㋣の悔過に付随する書写事業は、宮﨑健司「天平宝字二年の写経」(同『日本古代の写経と社会』塙書房、二〇〇六年、初出一九八九・九一年)を参照。
(43) 中林隆之「日本古代の仁王会」(同『日本古代国家の仏教編成』塙書房、二〇〇七年、初出一九九九年)。
(44) 勝宝年間の食口案(大日古一一ノ二三一・二三一・五〇七～五一〇、三ノ五六一)や造石山寺所の史料(大日古五ノ三四七、一六ノ二四八・二五〇）にも堂童子が見える。これらは、仏典奉請の使として見える堂童子（大日古一〇ノ三二六・三二七、一二ノ四一五・四二一、二四ノ一七三・一八四）のように、特定の堂舎や僧に供奉する雑用の俗人として、造寺司（所）出仕者から任用された可能性が高い。

(45)『改訂増補故実叢書』による。

(46) 吉田一彦「御斎会の研究」（同『日本古代社会と仏教』吉川弘文館、一九九五年、初出一九九三年）。

(47)『延喜式』図書寮御斎会条。

(48)『新訂増補国史大系』による。

(49) 工広道の経歴は、本書第二章の表3・4を参照。

(50) 中野千鶴「護法童子と堂童子」（『仏教史学研究』二七巻一号、一九八四年）。

(51) 同縁起所載の「天平十五年帳」には、八名の僧侶の歴名に続けて、天平十一～十三年の三年間の食米計算書が記されており、そこに見える仏聖僧の供米について、「仏御分宛堂童子料、聖僧御分乞者幷病人昼用」とある。吉田靖雄「『西琳寺縁起』所引「天平十五年帳」の諸問題」（同『日本古代の菩薩と民衆』吉川弘文館、一九八八年、初出一九八六年）を参照。

(52)『日本霊異記』巻下第二四縁を参照。

(53) 飛鳥池遺跡SK一一五三土坑、九三九号（奈良文化財研究所編『飛鳥藤原京木簡一　飛鳥池・山田寺木簡』二〇〇七年）。

(54) 坂井衡平『善光寺史』上（東京美術、一九六九年）。

(55) 定かでないが、食口案（註44前掲）に見える堂童子が東大寺所属の俗人である可能性は否定できない。また、『日本感霊録』佚文（『東大寺要録』所収）にも、東大寺に所属した堂童子の説話が見える。壽福隆人「日本古代生産技術教育史における「堂童子」に関する一考察」（『桜文論叢』六九、二〇〇七年）を参照。

(56)「所」の諸形態については、梅村喬「「所」の基礎的考察――正倉院文書の主に造営所の検討から――」（笹山晴生先生還暦記念会編『日本律令制論集』上巻、吉川弘文館、一九九三年）、山下有美『正倉院文書と写経所の研究』（註12前掲）を参照。

(57)『新訂増補国史大系』による。
(58)同上の義解および穴記の記載の復原については、水本浩典「職員令玄蕃寮条義解の復原について」(『続日本紀研究』二四三号、一九八六年)を参照。
(59)本文中で掲げた図書寮条義解では、玄蕃寮の管轄を「京外」としているが、玄蕃寮条集解では宮内も在京諸寺(七大寺など)もともに関与するとあることから、本来は「宮外」もしくは「京内外」であったと見る方が整合的である。律令研究会編『訳註日本律令　一〇〈令義解訳註篇二〉』(東京堂出版、一九八九年)を参照。
(60)吉田一彦「古代国家の仏教儀礼と地域社会」(註4前掲)。
(61)『続日本紀』天平勝宝四年(七五二)四月乙酉(九)条。
(62)藤森健太郎「日本古代元日朝賀儀礼の特質」(同『古代天皇の即位儀礼』吉川弘文館、二〇〇〇年、初出一九九一年)。
(63)『続日本紀』天平勝宝元年(七四九)五月癸丑(二十)条。
(64)本郷真紹「光仁・桓武朝の国家と仏教――早良親王と大安寺・東大寺――」(同『律令国家仏教の研究』法藏館、二〇〇五年、初出一九九一年)。
(65)本郷真紹「律令国家仏教の成立と展開」(註1前掲)。また本郷氏は、「僧尼令を中心とする法秩序に基づき、治部省―玄蕃寮の管轄下に置かれ、僧綱の教導を受ける官僧・官尼一般によって担われた国家仏教と、特定の僧尼により営まれた宮廷仏教とでは、仏教儀礼催行の担当者や経費の負担主体の相違といった点も含め、一応の区別がつけられていたものと考えられる」とされ、宮廷仏教とのバランスが崩れた国家仏教の変容を、天平期以降の仏教の特異なあり方としておられるようである。本郷真紹「国家仏教と宮廷仏教――宮廷女性の役割――」(同『律令国家仏教の研究』法藏館、二〇〇五年、初出一九八九年)六七頁。
(66)例えば、氏が説く法会体制論の軸として如来蔵思想があるが、これに対して、その思想形態の起源や伝来の経緯などが曖昧で必ずしも明確な体系を持つ思想ではない、との批判がある。曾根正人「書評　中林隆之著『日本古代国家の仏教編成』」(『史学雑誌』一一七編三号、二〇〇八年)。
(67)中林隆之「護国法会の史的展開」(註3前掲)一〇頁。

（68）例えば、宝字六年六月に表面化した孝謙上皇と淳仁天皇との確執の背景には、光明子による公私混同された仏教政策を踏襲する孝謙に対して、国家仏教堅持という立場の仲麻呂による批判的意向があるのではないか、という説がある。宮﨑健司「藤原仲麻呂政権と仏教」（同『日本古代の写経と社会』塙書房、二〇〇六年、初出一九九一年）。

第五章　正倉院文書に見える「供奉礼仏」

はじめに

正倉院文書には、造東大寺司ないし写経所に特有の難解な用語が数多く見られる。その中で、写経所官人たちの業務名として「供奉礼仏」「礼仏」という語がある。これについて石田茂作氏は、

若し当時の写経事業を今の写字生の仕事の様に考へる人があるなら、それは大きな間違である。文字を誤り無く写すといふ形に於て、二者は同じであるけれども、其の内面の心理に於て非常の隔りがある。（中略）その礼仏の場所が写経所の内部にあつたか、別の寺へ行つたものかは、今我々には大問題でない。当時の写経が文字通の写経だけで無かつた事を考へねばならぬ。(1)

と述べられ、「礼仏」と見えることを一つの根拠として、写経所官人たちの信仰心を想定されているようであるが、その実態については言及されていない。また、井上薫氏は、「供奉礼仏は写経所内に安置された仏に供養礼拝すること」(2)といい、山下有美氏は、「仏に供え物を捧げ祈るという仏教行為を常時行っている」(3)とされる。さらに栄原永遠男氏は、

写経生たちの全員がこのようなこと（供奉礼仏）を行なったのではないところをみると、彼（村

山首麻呂）は、校正作業に機械的に従事していたのではなく、主体的な信仰心を抱いていた可能性がある[4]（括弧は大艸注）。

と述べられている。

石田氏や栄原氏のように、「供奉礼仏」という行為から写経所官人たちの信仰心を読み取ろうとする点は興味深く、少なくとも、かかる行為が仏教信仰の受容を促した可能性は否定できない。しかし両者を含め、上記各氏の見解はいずれも本格的な検討がなされておらず、多くの疑問もある。矢越葉子氏は、上日や食口の支給対象となる業務で、考中行事として報告される業務であったことを指摘されているが[5]、これとて十分な検討がなされているわけではない。

「供奉礼仏」と見える史料は、上日帳・食口案・告朔解・考中行事注文などの業務報告ないしその記録に類するものである。したがって、写経所官人たちの業務の一つであったことは容易に分かるが、とりわけ上日帳への記入方式は特異な点がいくつか窺え、この業務の意味を知る重要な手掛かりとなりそうである。本章では、「供奉礼仏」の実態をできる限り明らかにするために、各史料の性格やそこへの記入のされ方などを検討し、その業務・行為が如何なる意味を持つものであったのかという視点からアプローチしてみたい。

第一節　上日帳の性格

1　天平二十年帳と勝宝元年帳

官人の出勤簿である上日帳は、写経所官人の一年間の上日を記録したものが長大帳簿として数点伝わっている。ここで使用するのは、「供奉礼仏」などの書き込みが見える、天平二十年（七四八）八月～勝宝元年（七四九）七月のものと、勝宝元年八月～同二年七月のものに限る。栄原氏に従い、[6]前者を天平二十年帳（出典は表1参照）、後者を勝宝元年帳（続修別集四〇裏、三ノ二八〇～三一一7）と称することにする。

天平二十年帳と勝宝元年帳は、ともに口座式の帳簿で、前者は延べ一五四の口座が、後者は延べ一四四の口座が見える。各口座には、人名と八月～翌年七月の上日数が記される。両上日帳では、口座を官職ごとに分類した上で位階順に列記しているが、経師・装潢・校生や案主などといった写経所での職名は記されていない。上日数は、月ごとに「日〇〇／夕〇〇」と双行書で記されており、「日」とは日の出から正午までの勤務、「夕」は正午以降の勤務であろう。また、全員ではないが、一年間の上日の総数が書き込まれており、他に写紙数などの具体的な仕事量が記されている場合も多い（表2・3）。これは、後述するように、考中行事に関する書き込みとみられる。なお、「夕」の上日数は年間総数には数えられていない。以下、両上日帳の口座は、表2・3で示した№を用いる。

表1　天平二十年帳の復原

記載順	所属	大日古
1	続々修二四ノ六①(1)~(5)	一〇ノ三三六~三四〇9
2	続修後集二八②裏	一〇ノ三六五~三六七
3	続修四九③裏	一〇ノ三六七~三六八
4	続々修二四ノ六②(1)~(6)	一〇ノ三四〇10~三四五7
5	続修二二⑬裏	二四ノ五一八~五一九3
6	続々修二四ノ六③	一〇ノ三四五8~三四八1
7	続々修二四ノ六④	一〇ノ三四八2~三五四9
8	続々修二四ノ六⑦(1)(2)	一〇ノ三五九5~三六一5
9	続々修二四ノ六⑧	一〇ノ三六一6~三六二10
10	続々修二四ノ六⑨(1)(2)	一〇ノ三六三1~三六五
11	続修二二②裏	二四ノ五一九4~五二〇
12	続々修二四ノ六⑤(1)(2)	一〇ノ三五四10~三五八4
13	続々修二四ノ六⑥	一〇ノ三五八5~三五九4
14	続修二八⑤	一〇ノ三六八~三七〇
17	続修二八①裏	一〇ノ三七四3~4
16	紙背⇓	一〇ノ三七四
15	紙背⇓	一〇ノ六四〇~六四三

・点線は接続が確認・推測できる場合、二重線は接続不明。
・復原の詳細は、栄原永遠男註6論文を参照。

表2　天平二十年帳の考中行事と官位（翌年と対比）

No.	人名	天平二十年帳 考中行事	天平二十年帳 官職	天平二十年帳 位階	勝宝元年帳 官職	勝宝元年帳 位階
1	達沙牛甘	写紙七五〇張　供奉礼仏二度	職舎人	正八下	散位	従七下
2	大鳥連高人	上日三一　写紙一六五張	職舎人	従八下	紫微中台舎人	正八下
3	漢浄万呂	上日五六〔以六月廿六日親父遭喪〕　写紙五〇〇張	職舎人	大初上	散位	従八上
4	伊福部宿禰男依	上日一四八〔催令写題経三四二九巻　鋳奉大仏二度　供奉礼仏七度〕	職舎人	大初下		
5	辛君佐土万呂		職舎人	大初下		
6	川原倉人人成	上日一六九〔校紙一四六四〇張〕	職舎人	少初上	紫微中台舎人	大初上
7	既母辛白万呂	〔服不申達〕写紙一一〇〇張	職舎人	無位	散位	無位
8	下村主道主	上日一九六　校紙八五〇〇張	職舎人	無位	紫微中台舎人	無位
9	楢許智蟻羽	上日一四五　写紙七一〇張	職舎人	無位		
10	肖奈王広山	上日一三九　催令写経二九一六巻　用紙五一八五〇張　鋳奉盧舎那仏像供奉二度　供奉礼仏一〇度	坊舎人	従八上		
11	建部広足	上日二一〇　写紙一二五〇張	坊舎人	大初上	左・右大舎人	従八上→正八下
12	山辺千足		坊舎人	大初下		
13	山部花	上日一二七　写紙九五〇張	坊舎人	大初下	左・右大舎人	従八下→従八上

14	志斐連万呂	上日二八四〔催令写経三六一六巻　用紙五八四二三張　供奉卌九日悔過　鋳奉大仏供奉三度　千手廾一輔不空廾一輔並高一丈五尺　供奉礼仏一〇度　遣使一〇通向諸司幷請本経之類〕	坊舎人	少初上	史生	大初上
15	阿刀連酒主	上日二二二〔催令写経四四一六巻　用紙七二一七三張　盧舎那仏像一輔高三丈　鋳奉大仏供奉三度　供奉礼仏一〇度　遣使二四通向諸司幷請本経之類〕	坊舎人	少初上	史生	大初上
16	治田連石万呂	上日二三六　造紙一一三〇〇張	坊舎人	少初上	左・右大舎人	大初上↓従八下
17	能登臣忍人	上日二七九　造紙一三八〇〇張	坊舎人	少初下	左・右大舎人	大初下↓大初上
18	茨田連久治万呂		坊舎人	少初下		
19	志紀県主久比万呂	上日一二〇　写紙一〇〇四張	坊舎人	少初下	左・右大舎人	大初下↓大初上
20	柞井馬甘	上日六二　写紙三三〇張	坊舎人	無位	左・右大舎人	無位↓少初下
21	杖部造子虫	上日一五〇　写紙一一四〇張	坊舎人	無位	左・右大舎人	無位↓少初下
22	余馬甘		坊舎人	無位		
23	石村部熊鷹	校紙五〇〇張	坊舎人	無位		
24	難万君	上日一三八　写紙八〇七張	坊舎人	無位	左・右大舎人	無位↓少初下
25	川内民首長万呂	上日二四二　写紙九四九	坊舎人	無位	左・右大舎人	無位↓少初下
26	国足万呂	上日一〇四　校紙四五〇〇張	坊舎人	無位	左・右大舎人	従八上↓正八下

27	錦部曰佐大名	上日一七八　写紙一八〇〇張	坊舎人	無位	左・右大舎人	無位→少初下
28	田辺史魚主		坊舎人	無位		
29	勝広前	上日一四三　写紙四八〇張	散位	従七下	散位	正七下
30	秦常忌寸秋庭	上日二八　造紙二四〇〇張	散位	正八下	散位	従七下
31	三嶋県主宗万呂	写紙二五〇張　題経三七五九巻 供奉礼仏二度	散位	従八上	散位	正八上
32	大鳥連祖足	上日二〇三　写紙一三八〇張	散位	従八上	散位	正八下
33	山辺君諸公	上日一二四　写紙八〇張	散位	従八下	散位	正八下
34	呉原忌寸生人	上日一九四　写紙一一二〇張	散位	大初下	散位	従八下
35	物部人万呂	上日九〇　写紙一〇二〇張	散位	大初上	散位	従八上
36	志斐連敷万呂		散位	大初下		
37	忍坂忌寸成万呂		散位	少初上		
38	物部足人	上日一六〇　写紙一〇六〇張	散位	少初上	散位	大初上
39	田辺史水主	上日一〇二　写紙三二〇張	散位	少初上	散位	大初上
40	葛井連五百継		散位	少初上		
41	高市水取連老人		散位	少初下		
42	既母辛建万呂	服	散位	少初下	散位	大初下
43	忍海原連広次		式部書生	従八上	散位	正八上
44	古乎万呂	上日一五〇　写紙一〇〇五張	式部書生	従八下	式部省書生	正八下
45	伊吉連馬甘		式部書生	従八下		
46	錦部小豆君麻呂	上日八〇　写紙四九一張	式部書生	大初上	式部省書生	従八上

47	史戸足人	上日一七三　写紙九六〇張	式部書生	大初下	式部省書生	従八下
48	鯥恵万呂	上日一四九　写紙一〇四〇張	式部書生	大初下	式部省書生	従八下
49	馬史道足	上日一五七　写紙九六〇張	式部書生	大初下	式部省書生	従八下
50	黄公万呂	上日一四一　写紙九八〇張	式部書生	少初上	式部省書生	大初上
51	秦姓乙安	上日一四三　写紙一二八〇張	式部書生	少初下		
52	酒豊足	上日二七　写紙三二〇張	図書寮書生	従八下	図書寮	正八下
53	祁用理大成	上日一四五　写紙八〇〇張	図書寮書生	大初下	図書寮	従八下
54	爪工造五百足	上日一七七　造紙一五二五〇張	図書寮書生	大初下	図書寮	従八下
55	万昆君万呂	上日二四八　写紙一一二〇張	図書寮書生	少初上	図書寮	大初上
56	古東人	上日二〇九　写紙一四四〇	図書寮書生	無位	図書寮	大初上
57	秦毛人	上日五六　写紙一六〇張	図書寮書生	無位	散位	無位
58	鬼室小東人	上日二〇八　写紙四八〇張	陰(蔭)孫	無位	式部省蔭孫	無位
59	若桜部朝臣梶取	上日二七二　校紙一五〇〇〇	陰(蔭)孫	無位	式部省蔭孫	無位
60	美努連船長		陰(蔭)孫	無位	式部省蔭孫	?
61	矢集宿禰小道	上日六三　写紙二九九	(式部)位子	大初下	式部省位子	従八下
62	古能善	上日一六五　写紙一〇六〇張	(式部)位子	少初上	式部省位子	大初上
63	山下造老		(式部)位子	少初上		
64	秦人乙万呂		(式部)位子	無位		
65	鴨朝臣田主		(式部)位子	無位		
66	田辺史秋上	上日二三八　写紙一一二〇張	(式部)位子	無位	式部省位子	無位
67	臺忌寸麻呂	上日二一五　写紙六八八張	兵部位子	無位	兵部省	無位

68	山背忌寸野中	上日四九　写紙一六○張	弾正史生	従八下		
69	高橋朝臣乙万呂	上日三八三　校紙一四○○○張	膳部	大初下	大膳職	従八上
70	阿曇連広万呂		膳部？	大初上		
71	楊広足	上日二○七　写紙八○○張	未選舎人		左・右大舎人	無位→少初下
72	粟田朝臣船守	上日二一五　校紙一○八○○張	未選舎人		左・右大舎人	無位→少初下
73	中臣村山連首万呂	上日二三三　校紙六三○○張	未選舎人		左・右大舎人	無位
74	阿閇臣広人		未選舎人		未選	
75	秦家主	上日二四六　写紙八一○張	未選舎人		紫微中台舎人	無位
76	万昆多智		未選舎人		未選	
77	阿刀宅足		未選舎人		未選	
78	阿刀連足嶋	上日一四九　写紙九六○張	未選舎人		左・右大舎人	無位→少初下
79	秦田村公蟻石		未選舎人		未選	
80	爪工連家麻呂	上日二二三　写紙八四○	未選舎人		紫微中台舎人	無位
81	他田水主	上日三五三　写紙一二八○張	未選舎人		紫微中台舎人	無位
82	倭史人足	上日七○　写紙一二一張	未選舎人		左・右大舎人	無位
83	岡屋連石足		未選舎人		未選	
84	子部多夜須		未選舎人			
85	余乙虫		未選舎人		未選	
86	坂上忌寸建万呂		未選舎人		未選	
87	大友曰佐広国		未選舎人		未選	

88	陽胡史乙益		未選舎人			
89	羽栗国足		未選舎人		未選	
90	春日部虫万呂		未選舎人		未選	
91	大伴宿禰蓑万呂		未選舎人		未選	
92	玉祖宿禰君万呂		未選舎人			
93	丈部臣曽禰万呂		未選舎人		未選	
94	山下連咋万呂		未選舎人		未選	
95	大原史魚次		未選舎人		未選	
96	日置造蓑万呂		未選舎人		未選	
97	茨田連兄麻呂		未選舎人		未選	
98	韓鍛冶広浜		未選舎人		未選	
99	阿刀連月足		未選舎人		未選	
100	大田君広嶋		未選舎人		未選	
101	采女臣国嶋		未選舎人		未選	
102	上村主馬甘		未選舎人		未選	
103	史戸大立	上日一七四　写紙四八〇張	未選舎人		紫微中台舎人	無位
104	赤染連人足		未選舎人		未選	
105	常世連馬人		未選舎人		未選	
106	飽田史石足		未選舎人		未選	
107	呉金万呂		未選舎人			
108	山下君足※		未選舎人		未選	

109	史戸木屋万呂		未選舎人		未選	
110	穂積三立		未選舎人			
111	秦東人		未選舎人		未選	
112	小治田宿禰人君		未選舎人		未選	
113	飛鳥戸造黒万呂		未選舎人			
114	調曰佐呰万呂		未選舎人		未選	
115	上毛野君伊賀万呂		未選舎人		未選	
116	土師連小東人		未選舎人		未選	
117	舎人真万呂		未選舎人			
118	賀陽田主		未選舎人		未選	
119	久米直家足		未選舎人		未選	
120	鳥取国嶋		未選舎人			
121	薏原史万呂		里人			
122	久米直熊鷹		里人		未選	
123	錦部人成		里人		未選	
124	鴨公筆		里人			
125	鬼室石次		里人		未選	
126	舎人川原継万呂		里人		未選	
127	田辺博多		里人			
128	山部宿禰針間万呂		里人		未選	
129	若犬甘木積万呂		里人		未選	

130	小竹原乙万呂		里人		未選	
131	大伴若宮連大淵		里人		未選	
132	難子君		里人		未選	
133	秦倉主※		里人		未選	
134	道守朝臣豊足	上日一三四	図書寮未選		未判書生	
135	村国連益人	上日一六一	図書寮未選		未判書生	
136	大舎人五百島		図書寮未選		未選	
137	播磨直斐太万呂		図書寮未選			
138	上毛野池長		優婆塞			
139	塞龍万呂		優婆塞			
140	大鳥春人		未選？		未選	
141	三嶋子公		未選？		未選	
142	山下公足※		未選？		未選	
143	許世万呂		未選？		未選	
144	大市大山	上日六三　写紙六四〇張	未選？		式部省位子	少初下
145	糸井市人		未選？		未選	
146	大宅家長		未選？		未選	
147	百斉五百嶋		未選？			
148	田部乙成		未選？		未選	
149	若倭部益国		未選？		未選	
150	大伴連蓑麻呂		未選？		未選	

151	勇山八千石		未選？		未選	
152	楢広足		未選？		未選	
153	秦椋主※		未選？		未選	
154	凡直乙足		優婆塞			

・※は人名が重複している場合（表3もこれに同じ）。

表3　勝宝元年帳の考中行事と官位（翌年と対比）

		勝宝元年帳			勝宝二年帳	
No.	人名	考中行事	官職	位階	官職	位階
1	志斐連麿		史生	大初上		
2	阿刀連酒主	供奉礼仏一〔唯麻〕二〔油下〕一〔油上〕一〔上〕　奉鋳大仏二度	史生	大初上	？	正八下
3	大鳥連高人	共奉礼仏　上日一八〇　行事一〇七二	紫微中台舎人	正八下	紫微中台舎人	正八下
4	河原倉人人成	上日一六九　校紙六四五〇	紫微中台舎人	大初上	紫微中台舎人	従八下
5	下村主道主	上日二四三　校紙六五〇〇	紫微中台舎人	無位	紫微中台舎人	少初(上)
6	楢許智蟻石	上日二四四　写一一五〇	紫微中台舎人	無位		
7	爪工連家万呂	上日二一八　写一一〇〇	紫微中台舎人	無位	紫微中台舎人	少初下
8	史戸大立	上日二三〇　写一〇三二	紫微中台舎人	無位	紫微中台舎人	少初下
9	他田水主	上日二三五　写二一〇〇	紫微中台舎人	無位	紫微中台舎人	少初(上)
10	秦家主		紫微中台舎人	無位	紫微中台舎人	少初下

11	国足万呂	上日一八六　校紙二〇〇	左・右大舎人	従八上↓正八下	左大舎人	正八上
12	建部広足	上日二二〇　写一一三二	左・右大舎人	従八上↓正八下	左大舎人	正八上
13	山部花	上日一三〇	左・右大舎人	従八下↓従八上	左大舎人	正八下
14	治田連石万呂	上日二一五　造七四〇〇　大仏二　礼仏三	左・右大舎人	大初上↓従八下	左大舎人	従八上
15	能登臣忍人	共奉礼仏　上日二六五　造七八〇〇　大仏二　礼(仏)二	左・右大舎人	大初下↓大初上	右大舎人	従八下
16	志紀県主久比万呂	上日六〇　写六二九　大仏一　礼仏三	左・右大舎人	大初下↓大初上	右大舎人	従八下
17	柞井馬甘	上日三二大不仕	左・右大舎人	無位↓少初下	右大舎人	少初上
18	丈部造子虫	供奉礼仏　上日二二〇　写一〇七六　大仏一　礼仏三	左・右大舎人	無位↓少初下	右大舎人	少初上
19	難万君	共奉礼仏　上日九四　写三八四　大仏一　礼(仏)三	左・右大舎人	無位↓少初下	右大舎人	少初上
20	河内民首長万呂	上日一七六　写三八四　大仏一　礼仏三	左・右大舎人	無位↓少初下	右大舎人	少初上
21	錦部行大名	上日一七五　写一〇三二　大仏二　礼仏四	左・右大舎人	無位↓少初下	左大舎人	少初上
22	楊広足	上日一九四　写一一〇〇　大仏一　礼仏五	左・右大舎人	無位↓少初下	右大舎人	少初上

23	粟田朝臣船守	上日六九不仕	左・右大舎人	無位→少初下	左大舎人	少初上
24	中臣村山連首万呂	共奉礼仏　上日二一八　校七五〇〇　大仏二　礼仏六	左・右大舎人	無位→無位	左大舎人	少初上
25	阿刀連足嶋	上日二一九　写一一一二　大仏二　礼仏四	左・右大舎人	無位→少初下	左大舎人	少初上
26	倭史人足	上日一五七　写四二八　大仏一　礼仏四	左・右大舎人	無位→無位	右大舎人	少初上
27	阿閇広人	共奉礼仏　上日二一一　写六八〇　礼仏一	未選		散位寮散位	少初下？
28	万昆多智		未選		年少舎人	
29	秦田村公蟻礒		未選		不合	
30	岡屋連石足	共奉礼仏　上日一八九　写七六〇　礼仏三	未選		左大舎人	少初下
31	余乙虫	共奉礼仏　上日二〇〇　写六四〇　礼仏三	未選		散位寮散位	少初下？
32	坂上忌寸建万呂	共奉礼仏　上日一九〇　写八二六　礼仏三	未選		左大舎人	少初下
33	大友日佐広国	共奉礼仏	未選		不合	
34	大伴連蓑万呂		未選		未選舎人	
35	羽栗臣国足	上日七一　写三二〇	未選		散位寮散位	少初下？
36	大原史魚次		未選		年少舎人	

37	韓鍛広浜		未選		不合	
38	大田公広嶋	上日一九二　写六六〇　礼仏四	未選		左大舎人	少初下
39	采女臣国嶋	上日一二三　写三二〇　礼仏三	未選		散位寮散位	少初下?
40	常世連馬人	共奉礼仏　上日八四	未選		散位寮散位	少初下?
41	赤染人足	共奉礼仏　上日二四一　写一一〇 ○礼仏四	未選		左大舎人	少初下
42	茨田連兄万呂	共奉礼仏　上日二一二　写七二〇 礼仏四	未選		散位寮散位	少初下?
43	丈部臣曽禰万呂		未選		不合	
44	山下造咋万呂	服	未選		左大舎人	少初下
45	大伴宿禰蓑万呂		未選		年少舎人	
46	春日部虫万呂	共奉礼仏	未選		年少舎人	
47	史戸木屋万呂	共奉礼仏　上日一一二　写六四〇 大仏一　礼仏一	未選		式部省位子	少初下
48	鴨書手	共奉礼仏　上日三〇二　写八五〇 勘公文一〇条　礼仏七	未選			
49	上村主馬甘	供奉礼仏　上日二四六　校四〇四 ○礼仏五	未選		散位寮散位	少初下?
50	秦東人	供奉礼仏　上日二四二　造三二〇 ○礼仏二	未選		散位寮散位	少初下?
51	飽田史石足	供奉礼仏　上日二五三　校三五〇 ○礼仏三　遣使二	未選		散位寮散位	少初下?

52	小治田宿禰人公	供奉礼仏　上日	未選		年少舎人	
53	調行呰万呂		未選		年少舎人	
54	土師連小東人		未選		年少舎人	
55	賀陽臣田主	上日九八　写五四四　礼仏三	未選		右大舎人	少初下
56	久米熊鷹	供奉礼仏　上日二八四　写六○○　礼仏二	未選		散位寮散位	少初下
57	山下造公足		未選		散位寮散位	少初下?
58	錦部連人成	供奉礼仏　上日二四二　写六○○　礼仏二	未選		散位寮散位	少初下?
59	久米直家足	供奉礼仏　上日一九二　造三六○○　礼仏二	未選		散位寮散位	少初下?
60	上毛野公伊加万呂		未選			
61	鬼室石次	上日一一八　写五七○　礼仏二	未選		散位寮散位	少初下?
62	難子公	上日二六	未選		散位寮散位	少初下?
63	河原継万呂	上日一七八　写四四○　礼仏一	未選		散位寮散位	少初下?
64	山部宿禰針間万呂	供奉礼仏　上日二三○　写四七○　礼仏三	未選		散位寮散位	少初下?
65	若犬甘宿禰木積万呂	供奉礼仏	未選		年少舎人	
66	小竹原乙万呂	上日一三五　校二○○○	未選		散位寮散位	少初下?
67	大伴若宮大渕	上日二二八　写二五○　礼仏三	未選		散位寮散位	少初下?

68	大舎人五百嶋	上日三四五	未選		散位寮散位	少初下？
69	大鳥春人	上日二四五　写五八〇　礼仏四	未選		散位寮散位	少初下？
70	三嶋県主子公	供奉礼仏	未選		不合	
71	田部宿禰乙成		未選		散位寮散位	少初下？
72	若倭部益国	供奉礼仏	未選		散位寮散位	少初下？
73	糸井市人		未選		散位寮散位	少初下？
74	大宅（朝臣）家長	供奉礼仏	未選			
75	勇山八千石		未選		散位寮散位	少初下？
76	楢曰佐広足		未選		不合	
77	楢原内万呂		未選			
78	秦椋主		未選		散位寮散位	少初下？
79	阿刀連月足		未選		不合	
80	佐伯宿禰諸上		未選		年少舎人	
81	巨世万呂		未選		散位寮散位	少初下？
82	阿刀連宅足		未選		散位寮散位	少初下？
83	阿倍長田朝臣万呂		未選		散位寮散位	少初下？
84	忍坂友依※		里人→未選		年少舎人	
85	日置蓑万呂		未選		散位寮散位	少初下？
86	上毛野家継		未選		年少舎人	
87	紀国継※		里人→未選		未選舎人	

88	雀部都知万呂※		里人→未選		未選舎人	
89	大石諸甘※		里人→未選		未選舎人	
90	岡日佐大津※		里人→未選		未選舎人	
91	井門臣馬甘※		里人→未選		未選舎人	
92	美努船長		式部省蔭孫	?		
93	鬼室小東人		式部省蔭孫	無位	式部省蔭孫→散位	少初上
94	若桜部朝臣梶取		式部省蔭孫	無位	式部省蔭孫→散位	少初上
95	矢集宿禰小道		式部省位子	従八下	式部省位子→散位	従八上
96	古能善		式部省位子	大初上	散位寮散位	従八上
97	大市首大山		式部省位子	少初下→上		
98	田辺史秋上	供奉礼仏	式部省位子	無位		
99	古乎万呂		式部省書生	正八下	式部省書生	正八上
100	錦部小豆公万呂		式部省書生	従八上	式部省書生	正八下
101	史戸足人	供奉礼仏	式部省書生	従八下	式部省書生	正八下
102	鯥恵万呂	供奉礼仏	式部省書生	従八下	式部省書生	従八上
103	馬史道足		式部省書生	従八下	式部省書生	正八下
104	黄公万呂		式部省書生	大初上	式部省書生	従八上
105	秦姓弟兄		式部省書生	大初下		

106	勝広埼	供奉礼仏	散位	正七下	散位寮散位	正七上
107	達沙牛甘	服	散位	従七下	散位寮散位	従七上
108	秦常秋庭		散位	従七下	散位寮散位	従七上
109	三嶋県主宗万呂		散位	正八上	散位寮散位	従七上
110	忍海原連広次	服	散位	正八上	式部省書生	従七下
111	山辺公諸君		散位	正八下	散位寮散位	正八上
112	大鳥連祖足		散位	正八下	散位寮散位	正八上
113	物部人万呂	供奉礼仏	散位	従八上	散位寮散位	正八下
114	呉原忌寸生人		散位	従八下	散位寮散位	正八下
115	物部足人	供奉礼仏	散位	大初上	散位寮散位	従八下
116	田辺史水主		散位	大初上	散位寮散位	大初上
117	漢浄万呂	服	散位	従八上	散位寮散位	正八下
118	既母辛白万呂		散位	無位	散位寮散位	少初下?
119	秦毛人	服	散位	無位		
120	既母辛武万呂		散位	大初下	散位寮散位	大初下
121	臺忌寸万呂	供奉礼仏	兵部省	無位	兵部位子	少初下
122	高橋朝臣乙万呂		大膳職	従八上	大膳職膳部	正八下
123	酒豊足	(死去)	図書寮	正八下		
124	祁用理大成		図書寮	従八下	図書寮書生	従八上
125	万昆公万呂		図書寮	大初上	図書寮書生	従八下

126	古東人	供奉礼仏	図書寮	大初上	図書寮書生	従八下
127	爪工造五百足		図書寮	従八下	図書寮書生	従八上
128	村国連益人		未判書生		右大舎人	少初下
129	道守朝臣豊足		未判書生		図書寮書生	無位
130	茨田孫足		自政所来舎人		散位寮散位	少初上
131	大友真高		自政所来舎人		年少舎人	
132	村君安万呂		自政所来舎人		散位寮散位	少初下？
133	敦賀石川		自政所来舎人		散位寮散位	少初下？
134	三嶋岡万呂		自政所来舎人		散位寮散位	少初下？
135	津守名万呂		自政所来舎人			
136	忍坂友依※		里人→未選			
137	井上岡万呂		里人		未選舎人	
138	岡日佐大津※		里人→未選		未選舎人	
139	息長真人首名		里人			
140	井門臣馬甘※		里人→未選		未選舎人	
141	大石村主諸甘※		里人→未選		未選舎人	
142	凡直根万呂		里人		未選舎人？	
143	紀国継※		里人→未選		未選舎人	
144	雀部都知万呂※		里人→未選		未選舎人	

「供奉礼仏」の意味を検討する前に、上日帳の性格として留意しておかなければならない点を、先行研究に依拠しながら整理しておこう。

まず、他所へ出向した分の上日が把握されない場合がある。例えば天平二十年帳の口座№2の大鳥高人は、十二月の箇所に「自余薬師経所」とあり、№8の下道主は正月・二月に「悔過所」とあり、№9の楢許智蟻羽は閏五月に「自余大寺」とある。勝宝元年帳の№2阿刀酒主も十一月に「自余大嘗所」とある。これらは、写経所以外の機関に出仕して、その間は写経所には上日していなかったことを注記しているのである。

しかし、他所への上日分でその部署から写経所へ上日報告がなされる場合もあることが、すでに指摘されている[7]。これは、勇女所解[8]という史料によって判明する。すなわち、天平二十年八月二十四日に勇女所という組織が、錦部大名の八月分の上日数を「壱拾玖　夕十七」であると写経所に報告しているのであるが、天平二十年帳の№27に大名の口座が見え、八月分の上日数は明らかに勇女所への出仕分を集計しており、それに関する注記は一切見えないのである。このように、写経所から他所へ出向し、その部署から写経所へ上日報告がなされた場合には、写経所での上日として把握されることもあったようなのである。したがって上日帳では、とくに明記されていなくても、他所へ出向して業務を行っている可能性を想定しておかなければならないのである。すると、両上日帳に見える考中行事の内容は、必ずしも写経所での業務として捉える必要はなくなるのである。

次に、官職の問題である。勝宝元年帳の方では、冒頭に「史生二人」とあるものの、大鳥高人以降の八九人（№3～91）には官職名が明記されていない。この八九人の官職については、勝宝二年帳

（勝宝二年八月～同三年七月の上日帳、続修別集四〇、三ノ四二六～四五八）との対比から、次のように推測されている[9]。

大鳥高人以下八人（No.3～10）→紫微中台舎人
国足万呂以下一六人（No.11～26）→左・右大舎人
阿閇広人以下六五人（No.27～91）→未選

このうち、国足万呂以下一六人のグループには、位階の訂正が見られる。このグループは、天平二十年帳では春宮坊舎人であったので、勝宝元年七月における皇太子阿倍内親王の即位後の叙位による昇進から、訂正されたものと思われる。

このような官職名に関して重要な点は、両上日帳に見える「未選（舎人）」「里人」である。「未選」とは、正式な官人ではない身分とみられ、考選の対象外という意味であるとされている[10]。正式な官人の場合、考課（勤務評定）や成選（考課による昇進）の対象になることから、「得考（得選）之色」といい、これに対する呼称と考えられる。天平十一年正月二十九日付の写経司解[11]では、「得考」と「未選」が明確に区別されているので、上記のような見解は疑う余地がない。ただ、「里人」も正式な官人ではない白丁身分とみられるので、「未選」との区別が問題となる。これに関する中村順昭氏[12]の見解を要約すると、次のようになる。

正式な官人は、勘籍を受けて式部省に把握された上で雑任（舎人など）に補され、考課の対象となる。「未選」は、式部省の把握下に入っておらず、考課の対象にもならない。ただし、「図書寮未選」「皇后宮職未選」「造東大寺司未選」などのように、「未選」は官司名が冠される場合が多いことから、特定の官司に所属している状態であるとみられる。写経所の未選の場合、造東大寺司に把握された身分で、そこから管下の写経所へ配属された存在であったと考えられる。「里人」は、未選と同様に白丁身分であるが、「写経所が直接に採用した人々で、造東大寺司から配属されたものではな」く、この点で「未選」とは区別される。造石山寺所の「司工」と「雇工」も、前者が造東大寺司から配属された工人、後者は造石山寺所が独自に採用した工人であり、写経所の「未選」と「里人」に相当すると考えられる。なお、「年少」「不合」は、いずれも叙位の際に行われた勘籍を経た上での呼称とみられ、前者は叙位年齢下限に満たなかった者、後者は年齢以外の事情で官人として認められなかった者と考えられる。

以上、上日帳の性格に関する留意点について、これまでの研究で明らかにされていることを確認した。次に、上日帳に記載された業務内容、すなわち考中行事について見ていきたい。

2 考中行事

年間の上日総数や写紙・校紙・造紙数等の書き込みは、上日帳のうち天平二十年帳と勝宝元年帳にしか見られない。この書き込みは、考中行事（考課の対象となる業務内容）を示す記載とみられる。例えば、年月不明の常世馬人状[13]には、写経所での「上日行事」が報告されなかったために「考を勘うる」を得られなかったとある。すなわち、上日帳に見えるような上日数や写紙数などの行事は、勘考を得る行事、勤務評定の対象となる行事＝考中行事であったということになる。

そして、天平二十年帳の№4伊福部男依、№10肖（背）奈王広山、№14志斐万呂、№15阿刀酒主らに見える「催令写経」などの「催令○○」という業務（表2参照）は、写経所の管理的役職である案主や領としての業務と思われる(14)。参考として、宝字四年（七六〇）七月付の「造東大寺司解案(15)」を挙げておく。

従八位下小治田宿禰年足
　令奉写雑経二千五百六十巻
　令装潢紙二万三千四百七十二張
　催令作経師所板屋□(三)宇
　　一宇長八丈一尺　広二丈　一宇長六丈三尺　広二□(丈カ)
　　一宇長四丈五尺　広二丈
　催令山作東如法院料材七百卌九物 歩廊桁等類 □
　催令作如法院一区 並葺檜皮者
　供奉礼仏三度
　以前、起去年八月一日、尽今年七月卅□
　人等考中行事如前、以□(解)、
　　　天平宝字四年七月□□(卅日)
　　　　主典□□□□(安都宿禰)

これは、写経所の案主であったことが確認できる小治田年足(16)の考中行事を報告したものであるが、天平二十年帳の書き込みと同様に「令○○」「催令○○」などとある。すなわちこの表記が、現場作業を指揮・管理する案主としての業務を意味するものであったことが分かるのである。そして、年足の場合にも「供奉礼仏」という業務が報告されているので、上日帳に見える書き込みが考中行事をメモしたものであったことは疑いない。なお、勝宝元年帳に多く見える「大仏○礼仏○」とは、天平二十年帳にも見える「奉鋳（鋳奉）大仏」と「供奉礼仏」を省略したものと見てよい。

これに関連して注意すべきことは、両上日帳において、考中行事の書き込みがある者とない者との相違である。書き込みがある者は、当然考課の対象者であると断定できるが、しかし考課の対象外である「未選」にも書き込みがある場合が少なくないのである。これに注目して翌年の上日帳と対比してみると、「未選」の者に見られる考中行事の書き込みは、翌年の上日帳で有位者（無位を含む）になっている人に限られていることに気づく（表2・3参照）。これは、考中行事が書き込まれてそれが報告されたことにより正式な官人になったのか、あるいは、書き込まれた年度末の時点で官人となっていたかのいずれかである。「未選」が考中行事を報告される対象ではないことを踏まえると、考中行事は年度末に書き込まれるので、その時点ですでに有位者＝考課の対象となっていたと考えるべきであろう。一方、考中行事の書き込みがない人は、その年度中は写経所に全く出仕しなかった人か、考課の対象外の人である。これは、考中行事に相当する業務を行わなかったためではなく、報告する必要がなかったために記載されなかったと考えた方がよい。したがって、「未選」や「里人」であっても、有位者と同様の業務を行っていた可能性があるわけである。

以上、天平二十年帳と勝宝元年帳からは、上日記録にとくに注記されていなくても写経所や東大寺以外での業務を想定する必要があること、写経所官人が他官司の雑任だけでなく正式な官人でない者や民間からの出仕者によって構成されており、彼らはその身分に関係なく「奉鋳大仏」や「供奉礼仏」などの業務を行っていた可能性があること、などが分かった。また、先に触れた常世馬人状によると、各出仕者の考中行事は、造東大寺司から各人の本属官司に報告された上で、本司の長官が勤務評定を行っていたようである。このことから、両上日帳は、「写経所が把握する上日を一覧表示する」(17)という目的に加えて、考課の対象者の上日総数および考中行事を報告することを想定して記録され、その報告書作成のための台帳にも使用されていたと考えられる。両上日帳が作成されたのは、丁度造東大寺司が成立した当初のことであり、律令行政的な事務処理方式がとられ始めた時期にあたる。これ以降、徐々に効率的な事務処理方式が確立していったことで、考中行事の管理を専らとする帳簿が別に作成されるようになり、勝宝三年帳以降の上日帳にはかかる書き込みが見られなくなったのであろう。

第二節　考中行事としての「供奉礼仏」

次に、「供奉礼仏」という業務と写経所の一般業務がどのように異なるのかを考えてみる。

写経所官人への食料支給帳簿である食口案(18)には、支給対象者の単口数（延べ人数）が記されるが、勝宝年間のものに限り、役職名と業務名ごとに分類して単口数が記されている。その中にも、「供奉礼仏」という業務が多く見られる（表4）。

勝宝年間の食口案は、勝宝二年・三年・四年・五年・八歳・九歳のものが残存する（ただし、すべてが一二ヵ月分の完全な状態ではない）。勝宝三年正月～十二月を例にとると、表5のように、書生（経

表4　食口案に見える「供奉礼仏」の単口数

年月日	書生	装潢	校生	舎人	その他	合計	出典（大日古）
勝宝2年6月	138	15	19			172	11ノ230
7月	90	14	22			126	11ノ231
10月	50	1	10			61	11ノ234
11月					94	94	11ノ235
勝宝3年1月	61	12	13	74		160	3ノ497～499
2月	44	6	8	238		296	11ノ536～537
3月	49	5	7			61	11ノ531～532
4月	17	1	3	54		75	11ノ526～527
8月				5		5	11ノ512
9月21日～10月30日				7		7	11ノ509
12月21日～勝宝4年1月30日	3			4		7	3ノ560～561
2月	3					3	3ノ562
3月	8		2	42		52	3ノ565～566
閏3月1日～20日				21		21	3ノ569
閏3月21日～4月29日				135		135	3ノ572
5月	7	1		20		28	12ノ300～301
6月	6		1	10		17	12ノ301～302
7月				10		10	12ノ304
8月	4			10		14	12ノ304～305
9月21日～10月29日	4	2		21		27	12ノ307～308
11月			5	10		15	12ノ309～310
12月21日～勝宝5年1月30日				8		8	12ノ397
2月	9	1	2	2		14	12ノ398～399
3月1日～20日				8		8	3ノ621
3月21日～4月29日		1	4	70		75	25ノ62～63
6月1日～20日				6		6	12ノ402
6月21日～7月29日	3			20		23	12ノ404
8月			2	8		10	12ノ406
9月21日～10月30日	4	1	1	3		9	3ノ635～636
11月				10		10	12ノ410
勝宝8歳4月				9		9	13ノ166
5月	10			42		52	13ノ167
6月				10		10	13ノ169
勝宝9歳1月				24		24	13ノ213
3月				5		5	13ノ215
4月				5		5	4ノ229
5月				45		45	4ノ232
7月				16		16	4ノ236

表5　勝宝三年の食口内訳

期間	役職名	業務名および単人数	出典
正月	経師	写千部法華経　四七七人 写寿量品　一五一人 写間経　五人 写常疏　二九人 写間疏　一〇人 供奉礼仏　六一人	3ノ497～499
	校生	校千部法華経　八六人 校寿量品　四〇人 校間経并常疏　五人 校間疏　二人 供奉礼仏　一三人	
	装潢	造千部法華経紙　七九人 造寿量品紙　二〇人 造間経并常疏紙　四人 造間疏紙　二人 造政所公文紙　四人 張大徳御室牖　二人 供奉礼仏　一二人	
	史生　一五人		
	案主　五〇人		
	舎人	雑使　七六人 供奉礼仏　七四人	
	食領　二九人		
	優婆塞	守堂　四人	
	仕丁	沸湯　二九人 食所駆使　五八人 雑使　二九人 打紙所　五三人 病　五人	
2月	経師	写千部法華経　七九五人 写寿量品　三八八人 写瑜伽論　一三人 写常疏　五五人 写政所公文　二人 供奉礼仏　四四人	11ノ535～537
	校生	校千部法華経　一二七人 校寿量品　五八人 校常疏　一一人 供奉礼仏　八人	
	装潢	造千部法華経紙　一二五人 造寿量品紙　三一人 供奉礼仏　六人	
	史生　二六人		
	案主　二八人		
	舎人	雑使　四四人 供奉礼仏　二三八人	
	食領　二〇人		
	仕丁	沸湯　三〇人 食所駆使　六〇人 雑使　三〇人 打紙　一二〇人	

月	職	内訳
3月	経師	写千部法花経　三四二人 写寿量品　四〇〇人 写瑜伽論　一二人 写常疏　三二人 供奉礼仏　四九人 造政所公文　八人
3月	校生	校千部法花経　五一人 校寿量品　六〇人 校瑜伽論　二人 校常疏　四人 供奉礼仏　七人
3月	装潢	造千部法花経　五二人 造寿量品　二一人 造金字花厳経紫紙　二七人 供奉礼仏　五人 造政所公文紙　二人
3月	史生　一九人	
3月	案主　二二人	
3月	舎人	雑使　五〇人 参式部省　六人
3月	食領　一七人	
3月	仕丁	沸湯　二九人 食所駆使　五八人 雑使　二九人 打紙　一一〇人 病　六人
4月	経師	写千部法花経　六〇一人

11ノ530～533

月	職	内訳
4月	経師	写寿量品　三二人 写瑜伽論　一人 写間六字呪王経　二一人 写常疏　八四人 造政所公文　三人 供奉礼仏　一七人 遣使　三人
4月	装潢	造千部法花経紙　四三人 造寿量品紙　三〇人 造瑜伽論紙　一人 造間六字呪王経紙　三人 造紫紙　四人 造政所公文　一人 供奉礼仏　一人
4月	校生	校千部法花経　一〇〇人 校寿量品　一〇人 校間六字呪王経　三人 校常疏　一六人 供奉礼仏　三人 遣使　一人
4月	史生　一四人	
4月	案主　三八人	
4月	舎人	参式部省　二六人 供奉礼仏　五四人 遣使　三人 雑使　四一人 食領　二八人
4月	仕丁	打紙　六六人

11ノ525～528

月	職	人数	内訳
4　月	仕丁		食所駆使　五八人 沸湯　二九人 雑使　二九人 請粮暇　三人 病　二人
5　月	経師		写千部法花経　一八八人 写寿量品　五人 写瑜伽論　一人 写宮一切経疏　三四八人 写金字花厳経　一五二人 検智憬師所梵網経疏　一六人 造政所公文　九人 遣使遣所々奉請経之類　七人
	題師	一五人	
	装潢		造千部法花経紙　二四人 造寿量品紙　一人 造宮一切経疏紙　一七人 造間法花玄賛紙　三人 造金字花厳紙　一二人 造智憬師所梵網経疏紙　四人 造政所公文紙継打界者　一二人
	瑩生	一六人	
	校生		校千部法花経　三四人 校金字花厳経　四八人 校一切経之内疏　六七人 遣使　四人
	史生	二五人	
	案主	六三人	
			11ノ517～520

月	職	人数	内訳
5　月	舎人		造政所公文　八人 遣使　二人 雑使　七六人
	仕丁		打紙　三〇人 食所駆使　七六人 沸湯　三〇人 雑使　三七人 病　五人 請粮向於民部　四人
6月1～20日	書生		写金字花厳経　四八人 写寿量品　八一人 写宮一切経　三六人 題千部法花　三人 写常疏　一六一人 写上寺梵網経疏　二二人 遣使　四人
	装潢		造千部法花紙　三九人 造寿量品紙　三人 造紫紙　九人 造常疏紙　七人 造法花玄賛紙　二人
	瑩生	三四人	
	校生		校一切経　四人 校寿量品　一〇人 校常疏　四五人 遣使　一人
	史生	九人	
	案主	四二人	
			11ノ514～515

	舎人 七〇人		
	食領 二〇人		
6月21日～7月30日	書生	写法花玄賛 一二四人 題千部法花経 一一人 写常疏 九四人	11ノ513
	装潢	着千部法花綺緒 一一人 造寿量品 一一人 造法花玄賛 一一人 造梵網経疏 三人 造常疏紙 七人 造政所公文紙 一〇人	
	校生	校法花玄賛 三五人 校常疏 二〇人	
	舎人	曝金字花厳経 二五人 着千部法花経軸 四七人 参内裏使 二一人 政所公文所 五人 召使 七人 雑使 八八人 掘土 二人	
	食領 一八人		
8月	書生	写間法花経 二三人 写瑜伽論 二四人 写法花玄賛 五人 写梵網経疏 一四人 写常疏 六四人 考文所 二人 題師 一人	

8月	装潢	造間法花紙 三人 造間疏 三人 造常疏 六人 着千部緒 三六人 造公文紙 五人	11ノ512
	校生	校間法花 五人 校常疏 六人 校間疏 一人 瑩題 一人	
	舎人	着千部緒軸 四一人 使 一六人 政所 三人 考文所 六人 礼仏 五人 雑使 五〇人	
	安主 五八人		
9月1～20日	書生	写間法花 三人 写梵網経疏 一三人 写瑜伽論 一二人 写常疏 四三人	11ノ511
	装潢	造千部法花 一三人 造寿量品 八人 造間法花 一人 造常疏 三人 造梵網経疏 四人 造政所公□ 二人	
	校生	校瑜伽論 五人 校常疏 六人	

期間	書生	装潢	校生	案主	舎人	出典
9月1〜20日			校梵網経疏　二人	二九人	校常疏　五人 使　三人 雑使　一九人	
9月21日〜10月30日	写瑜伽論　二三人 題寿量品　三人 写宮一切経中僧祇律　四二人 写常疏　四六人 遣使　五人 造政所公文　二人	造瑜伽論　八人 造寿量品　六五人 造灯炉　四人 造宮一切経中僧祇律　三人 遣使　一人 造政所公文紙　三人	校瑜伽論　三人 校寿量品　三人 校僧祇律　三人 校常疏　一〇人	七〇人	堂童子　六二人 校常疏　八人 雑使　二四人 供奉礼仏　七人 着金字最勝王経軸　四人 供奉書堂　四人 造灯炉　二人 候経師　二人	11ノ507〜510

期間	書生	校生	装潢	案主	舎人	出典
11　月	写瑜伽論　二一人 題寿量品　一六人 写宮一切中僧祇律　一六人 写常疏　六六人 書品内題　四人	校瑜伽論　六人 校宮一切中僧祇律　五人 校常疏　一三人 写暦　二人	端切瑜伽論　六人 造宮一切経中僧祇律紙　二人 端切寿量品　二二人 造常疏紙　三人 造暦紙　二人	三二人	写暦　一五人 堂童子　五八人 造政所公文　五人 雑使　三五人	11ノ507〜510
12月1〜20日	奉写瑜伽論　一七人 台奉写一切経内疏　八四人	校疏　一人	造瑜伽論紙　二人 造疏紙　一〇人 造政所公文紙　四人	二三人	堂童子　四〇人 雑使　二五人 検政所公文　二人	11ノ506〜507

師）・装潢・校生・案主・舎人が、ほぼ固定された役職名として見えている。その内訳として多くの業務名が見えるが、書生―写〇〇、装潢―造〇〇、校生―校〇〇という業務は、写経所本来の専門的業務といえる。案主の業務名は記載されていないが、先述のように、これらを管理・差配することを職掌とするものと考えてよい。そして舎人は、「校常疏」のように専門的業務を行う場合もあるが、主な業務としてはそれに付随する補佐的なものと、「雑使」などの実務的なものであったようである。この他、仕丁でも行えるような専門技術を要しない業務名も多く見られる。「供奉礼仏」については、すべての月に見えるわけではないので、写経所の日常的業務とはいえないこと、書生―写〇〇のように特定の役職との関係で行われるわけでもないことなどが窺える。

さて、上記した上日帳に見える写経所官人の考中行事は、食口案に比してかなり限定された業務が記されていた。それは、「写紙」「造紙」「校紙」という写経所の専門的業務、およびそれを管理・差配する業務（「催令写経」など）を除くと、「（鋳奉）大仏」「（供奉）礼仏」「遣使」という業務に限られているのであり、食口案に見えるような業務がすべて考中行事に入るわけではないことが分かるのである。

まず、「遣使」は、専門的業務とはいえないが、食口案では、「雑使」や「召使」などと区別されており、単なる雑用的な使とは異なる可能性がある。律令制には按察使・巡察使・四度使・奉幣使など多くの使が存在するように、律令文書行政において使という業務は、かなり重要視されていたと考えられる。おそらく写経所では、重要度の高い使のことを「遣使」と呼称していたものと思われる。また、山下氏は、雑使を職務とするのみでも領として把握される場合が造石山寺所で確認できることから、「遣使」は領の重要な行事の一つであったことを指摘されている[19]。したがって、専門的業務ないしその管理的業務に準ずるものとしての扱いであったことから、考中行事報告の対象とされたのであろう。

次に、「奉鋳大仏」について考えてみると、この「大仏」が東大寺盧舎那仏であるということは、天平二十年帳の№10肖（背）奈王の考中行事に「鋳奉盧舎那仏像供奉二度」（表2参照）とあることから明らかである。そして、『東大寺要録』巻二縁起章「大仏殿碑文」[20]に、

以二天平十九年歳次丁亥九月廿九日一。始奉二鋳鎔一。以二勝宝元年歳次己丑十月廿四日一。奉レ鋳已了。三箇年八ヶ度奉レ鋳二御躰一。

とあるように、この業務は、天平十九年（七四七）九月末〜勝宝元年（七四九）十月の行事であったことが判明する。食口案はこの期間のものが残存しないために確認できないが、写経所官人もこれを行っていたことは、上日帳から疑いないところである。この二年強の間に八回銅を流し込む作業が行われたわけであるが、上日帳に見える「大仏」「奉鋳大仏」業務の度数は一〜三であることから、年間に多くて三回程度しか行うことができないほど、かなり大掛かりな作業であったらしい[21]。おそらく非常に多くの人員が動員されたはずなので、写経所からも駆り出されたのは無理もないことである。写経所からこの業務に供奉した者が、必ずしも造仏関係の工人とは限らず、写経所事務官や写経生としてのみ確認できる者も多いのは、このためであろう。

また、「大仏殿碑文」には、次のような記載も見られる。

大仏師従四位下国公麿　　大鋳師従五位下高市真国

従五位下高市真麿　　　　従五位下柿本男玉
大工従五位下猪名部百世　従五位下益田縄手

ここでは、大仏鋳造に関わった工人の名が見えている。『続日本紀』によると、鋳造が終了した前後に彼らへの叙位や任官記事がよく見られ、天平二十年（七四八）八月には大鋳師の高市大国（真国）が姓を賜り(22)、翌年四月には大仏師の国君麻呂（国中公麻呂）と大鋳師の高市大国が叙位を受け(23)、同年十二月には再び高市大国、同じく大鋳師の柿本男玉・高市真麻呂が同時に叙位を受けている(24)。よく知られていることであるが、『続日本紀』には他にも、大仏造立に関わる人々への叙位・任官という記事が頻りに見える。例えば、大仏への知識物を寄進した人々に特別に叙位を与えたり(25)、大仏鍍金のための産金功労者の人々に叙位を行った事例(26)などである。高市大国をはじめとする大鋳師の人々が叙位されたのは、大仏鋳造の功によって特別に叙位されたものと見て間違いない。すると、これに関わる「奉鋳大仏」という業務が、写経所官人の考中行事として報告されていたのは、所属ないし出向する部署の専門的業務でなくとも、国家的事業に関する特別な奉仕であったからに他ならないであろう。

いうまでもなく、大仏造立は写経所特有の業務ではない。そして、「供奉礼仏」も写経所特有の業務ではなく、造東大寺司被管の各「所」の出仕者も行っていた業務である。各「所」から造東大寺司に報告された考中行事の内容を見てみると、写経所と同様に「奉鋳大仏供奉〇度」「供奉礼仏〇度」と見える事例がいくつか確認できるのである（表6）。これらによると、報告される行事の内容は、木工所や山作所など各部署の専門的業務およびそれを管理する業務と、やはり「奉鋳大仏」「供奉礼仏」「遣使」などが見えている。したがって、「供奉礼仏」という業務は、「奉鋳大仏」と同様に国家事業に関わる特別な功労であった可能性が極めて高いといえる。

ここまでをまとめると、上日総数以外に考中行事として報告される写経所の業務としては、原則として、①写紙・校紙・造紙などの専門的業務、②それを監督・差配する管理的業務、③国家事業に関わる特別な功労、というように分類できる。このうち①と②は、考課の積み重ねによる官位昇進に対応するものであったと考えられ、③の場合は、即位などの慶事や造営事業などへの奉仕に伴う臨時の叙位・任官に対応するものであったと考えられる。写経所の業務は多種多様であり、写経所をはじめ各「所」に見える「遣使」という業務は、①ないし②に準ずるものであったとみられるが、食口案に見られるような雑用的な業務の多くは、①②に付随する補佐的業務や実務的業務であり、考中行事の対象から除かれたようである。しかし、「供奉礼仏」や「奉鋳大仏」などは、③特別な功労として把握される業務であったために、考中行事として報告されていたのである。したがって、「供奉礼仏」という業務は、特定の職能に関わる業務とは異なる次元において、王権・国家にとって極めて重要なものであったということができる。

第三節　「供奉礼仏」に見る法会と官人

ここまでの検討結果から、「供奉礼仏」という業務について次のようなことがいえる。

上日帳や食口案、そして他所の考中行事注文から窺えることは、⑴正式な官人ではない「未選」「里人」なども行っていた可能性がある、⑵写経所内や東大寺で行ったと限定する必要はない、⑶経

表6　各「所」の考中行事注文

人名（役職名）	考中行事の内容	時期	出典
不明	繕写公文二六八張 催令開墾田五町 奉鋳大仏像供奉三度 供奉礼仏五度 遣使一一度〔運田直米遣越前国之類〕	天平十九年（七四七）九月〜勝宝元（七四九）十月	丹裹文書一五号内包裹、二五ノ七六〜七七
無位 **坂本朝臣人上** （不明）	繕写公文二七八張 催令作大仏殿大柱五〇根　一条 奉鋳大仏像供奉二度 供奉礼仏三度 遣使一〇度〔検山作物遣幡（播）磨国之類〕		
中宮舎人・大初上 **第（弟）訓部市麻呂** （造講堂院所木工）	令教作難波幷足庭材三六八四物〔並講堂僧房料〕 令構作講堂一宇〔未畢〕 令教作中宮御斎会板屋三間（割注略） 供奉礼仏六度 （後欠）	勝宝七年（七五五）	続々修二四ノ七、一三ノ一五七〜一五八
従八下 **小治田宿禰年足** （造東大寺司木工所・写経所案主）	令奉写雑経二五六〇巻 令装潢紙二三四七二張 催令作経師所板屋□（三）宇（割注略） 催令山作東如法院料材七四九物（割注略） 催令作如法院一区（割注略） 供奉礼仏三度	宝字三年（七五九）八月〜四年七月	所属不明+続々修一八ノ六、二五ノ二七〇〜二七一
少初上 **三嶋豊羽** （造石山院所領）	領催令山作幷運漕田上山材一五二二物（割注略） 領令作檜皮葺殿二宇幷夫等領 供奉礼仏二度 遣使二度〔坂田愛智郡米等徴使類〕		

散位従八上 **下道主** （造石山院所領）	令彩色観世音𦬇像一軀（割注略） 令彩色神王像二軀（割注略） 令催作殿六宇 令檜皮葺殿六宇 令遷竪板屋六宇 令遷竪椎屯倉一宇 令修理板屋九宇 令作高坐并前机二具 催使雑工并役夫 勘作雑公文〔告朔并解移類〕 検収雑材一五二二物 供奉礼仏二度	宝字五年（七六一）八月？ 〜六年七月	続修九、未収（岸俊男「但波吉備麻呂の計帳手実をめぐって」〈同『日本古代籍帳の研究』塙書房、一九七三年、初出一九六五年〉参照。）
私部有人 （造石山院所土工）	塗殿六宇 　仏堂一宇木間并壁一五間（割注略）　並下塗中塗 　僧房四宇木間并壁三二間（割注略）　並下塗中塗 　経像一宇木間并壁二四間（割注略）　並下塗中塗 遣使一度〔白土取真野遣〕 供奉礼仏一度		
和久真時 （造石山院所鉄工）	作雑釘一三九一隻（割注略） 高坐肬金二四勾 𦬇并神王料薊鉄一三七条（割注略） 條（修）理雑刃器并古釘等類 供奉礼仏一度		

師・装潢・校生・案主・舎人などの特定の役職と関係する業務とはいえない、(5)造東大寺司被管の各「所」の官人も行っていた、(6)大仏造立などに相当する特別な功労であったと考えられる、などである。

これらを総合して、「供奉礼仏」が如何なる業務であったかを絞り込んでみると、まず、(2)や(4)～(6)より、井上氏が考えたように写経所内での小規模な仏事であるとは考えがたく、山下氏のように「仏に供え物を捧げ祈る」と見るのも疑問である。また(1)や(3)からは、大仏造立のように、国家にとってより多くの人々が参加することに意味のある行事であったと考えられる。そして(6)は、大仏造立と同様に国家・王権への奉仕という意味合いがある業務であったことを思わせる。

そこで、他の史料から手掛かりになりそうな記事を捜索してみると、「礼仏」というのは、直訳すれば仏に礼拝するという行為を指すのであるが、法会・儀礼そのものを指す場合もあったということが分かる。例えば、『令集解』「職員令」図書寮条の「宮内礼仏」の割注に「謂。宮中諸作仏事也。正月金光明会。及臨時転読般若等之類(27)」とあることから、「礼仏」が具体的な礼拝行為ではなく、法会や儀礼全体を意味するものとして用いられているのである。したがって、「供奉礼仏」とは、何らかの法会に写経所官人たちが供奉したと理解するのがよいであろう。

さらに、これに関して注意を引くのは、光明子の一周忌に際しての『続日本紀』の記事である。

詔、供二奉御斎一雑工将領等、随二其労効一、賜レ爵与レ考各有レ差。其未二出身一者、聴レ預二当官得レ考之例一(28)。

これによると、光明子の一周忌斎会に供奉した者に対し、臨時的な賜爵と得考への昇進が許されているのである。これとほぼ同様の事例が、延暦年間にも二つほど見え、高野新笠（桓武母）と藤原乙牟漏（桓武皇后）のそれぞれの一周忌に際して、雑色人たちが斎会に供奉したことによって賜爵を受けている[29]。これらのことから、国家主宰の斎会への奉仕は、即位・改元などの慶事の際や行幸・造寺等への供奉による臨時の叙位・賜爵と同等の扱いであったことが分かる。先に指摘したように、考中行事は、考課の積み重ねによる官位昇進だけでなく、上記のような特別な功労に対する臨時の叙位・賜爵も想定して報告されていたとみられる。したがって、考中行事として報告される「供奉礼仏」とは、国家主宰の法会に参列・奉仕したことを意味するものであったと考えることができる。

また、『続日本紀』天平二十一年（七四九）四月甲午朔条には、

天皇幸二東大寺一、御二盧舎那仏像前殿一、北面対レ像。皇后・太子並侍焉。群臣百寮及士庶、分頭行二列殿後一。

とあり、同月丁未（十四）条にも、「天皇幸二東大寺一、御二大盧舎那仏前殿一。大臣以下百官及士庶、皆以レ次行列」とあるように、天皇臨席の仏事に百官人とともに「士庶」が参列したことが記されている。これは、一般庶民のことを指す可能性があるが、このような場に一般庶民が参加していたかどうかは不明である[30]。むしろそうではなく、何らかの形で官営組織へ出仕する民間人、すなわち写経所の「未選」「里人」のような人々と見た方がよいのではないかと考える。先に指摘したように、「供奉礼仏」がより多くの人々が参加することに意味がある業務であったことを踏まえると、このような百官人が参列する法会に、写経所に出仕する「未選」「里人」らも参加していたことは、十分考えられることである。

以上のことから、「供奉礼仏」とは、天皇が臨席し、多くの官人が参列するような、国家規模で盛大に行われる重要な法会への参列・奉仕を意味する業務であったと仮定することができよう。

第四節　勝宝元年帳の記載

上日帳に話は戻るが、勝宝元年帳の№2の阿刀酒主の口座には、考中行事に関する注記として、「供奉礼仏一唯麻二油下一油上一上」と見えている（表3参照）。これは、「供奉礼仏」の内実を示すと思われる唯一の記載であり、貴重な注記である。その文言が意味するものは詳しくは分からないが、憶測するならば、ここに見られる「唯麻」とは、維摩会のことではないかと考えられる。『万葉集』の第一五九四番[31]には、「仏前唱歌一首」として見える歌があるが、その説明文に、

右、冬十月、皇后宮之維摩講終日、供㆓養大唐高麗等種々音楽㆒、爾乃唱㆓此歌詞㆒。弾㆑琴者市原王、忍坂王後賜㆓姓大原真人赤麻呂㆒也。歌子者田口朝臣家守、河辺朝臣東人、置始連長谷等十数人也。

とあって、「皇后宮」、すなわち光明皇后の宮において維摩会が行われていたことが知られる。このことから、造東大寺司や写経所と関係が深い皇后宮職がこの法会に関与した可能性が高い。そうであるとすると、勝宝年間に写経所官人が参加したとしても、それほど不自然ではないのである。

そこで注目したいのは、勝宝元年帳に書き込まれた「供奉礼仏」等の記載方式である。『正倉院古文書影印集成』[32]によってその書き込みを見てみると、たいへん興味深い事実に気づく。この上日帳は、口座式に上日数を記録していくため、作成にあたってまず写経所官人の人名を等間隔に記したようで

ある。そして各口座は、現状では、

人名　「供奉礼仏」　上日総数・考中行事

　八月日〇〇夕〇〇～　　～七月日〇〇夕〇〇

というように、改行して八月～翌七月の各上日数を記録しているのであるが、多くの人名の下方には、「供（共）奉礼仏」や上日総数および写紙数等の行事が見えている。その場合、「供奉礼仏」とは別に「大仏〇礼仏〇」と見える者が多いのである。また、「供奉礼仏」とだけ記され、年間の上日総数や写紙数等の行事が見えない者も何名か確認できる。前者の場合、「供奉礼仏」とそれ以下の上日総数・考中行事などの記載とは、筆致が若干異なるように見え、とくに墨の濃さに明らかな差がある。すると、ここに見える「供奉礼仏」は、考中行事として記されたものではなく、何か別の意味をもってメモされたものであると考えられるのである。おそらく、年度末にしか記すことができない上日総数や写紙数の行事と同時に書き込まれたのではなく、年度の途中で記されたものであったと思われる。

そして、看過してはならないのは、人名の下方に八月分の記録を刀子で擦り消した痕が確認できることである(33)。これは、八月に上日した者全員に見られる。天平二十年帳の方は、

人名　八月日〇〇夕〇〇～　　～十二月日〇〇夕〇〇

　正月日〇〇夕〇〇～　　～七月日〇〇夕〇〇　上日総数・考中行事

というように、各人とも名前の下方に八月以降の上日を記録しており、勝宝元年帳のような擦り消し痕はない。勝宝元年帳を作成した人物は、当初は天平二十年帳の体裁に倣って書こうとしたものの、何らかの事情により、改行した上で上日を記録する形式に変更したようなのである。

その事情とは、おそらく「供奉礼仏」という注記を書き込むためである。天平二十年帳のように、八月以降の上日記録を名前の下方に書いていく形式では、年度の途中でかかる注記をする必要が生じた場合、八月~翌年七月の上日記録の途中に記さねばならず、後で見た際に混乱する恐れがある。しかし、上日記録は改行して記載し、上日と直接関係のない注記は名前の下方に記すという形式に変更すれば、この問題は解消する。そこで、人名の下方の「八月日〇〇夕〇〇」を擦り消し、その箇所に「供（共）奉礼仏」と書き込んだのである。すなわち、この擦り消し痕は、形式変更がなされた頃に「供奉礼仏」の注記を施す必要があったことを明示しているのである。

擦り消された記述は八月分のみであるので、この形式変更は九月分の上日を記録する以前ということになる。それは、九月末か十月初め頃であったとみてよい。つまりこの頃に、かかる注記を記す必要性が生じたわけである。したがって、その人物が九月末~十月初め頃に「供奉礼仏」を行ったか、あるいは行う予定であることを、勝宝元年帳を記録した写経所事務官がメモしたものと考えられるのである。

そして、阿刀酒主の口座に見える「唯麻」は維摩会のことではないかと推測したが、維摩会は十月十~十六日に執行されるのである。この時期的な一致は、偶然ではないのではないか。勿論、「供奉礼仏」と見える者が全員、維摩会に参加したとはいいきれないが、酒主以外にも参加した者はいたはずである。そのことを注記したのが、勝宝元年帳に見える「供奉礼仏」であったと考える。藤原鎌足創始とされる維摩会が、不比等や光明子の意向により奈良時代にも行われていたことは認められるが、[34]それが皇后宮職の関与という形で実施されていたとすれば、そこに写経所官人が奉仕していた可能性は否定できまい。そのことを考中行事として報告するための注記が、この書き込みであったと考えられるのである。

なお、「供奉礼仏一唯麻二油下一油上一上」の「油」とあるのは、灯明油のこととみられ、燃灯供養のような仏事のことをいったものではないか。写経所官人の請暇解の中には、「依可奉御油」[35]や「依芥御油可奉」[36]という理由で請暇している事例があり、彼らの間では、燃灯供養の形式の仏事のことを「油」などと表現することがあったようである。『続日本紀』には、東大寺などで天皇が行幸した際に燃灯供養が行われたことが度々見えることから[37]、このような臨時の仏事に参列・奉仕したことを意味するものと仮定しておきたい。

おわりに

以上、憶測を重ねてきたが、「供奉礼仏」とは、国家規模の盛大な法会に参列・奉仕したことを意味するものである、との仮説を提示した。この業務については、造東大寺司官人の事例しか史料が残っていないが、大仏造立への参加と同等の業務であったことや、先に引いた光明子の周忌斎会に供奉した官人への賜爵記事を考慮すると、他官司のすべての官人に共通した業務であったのかもしれない。しかし、造東大寺司が王権の意向を受けて法会に関する事業を行っていたこと（本書第四章）を踏まえると、造東大寺司特有の業務であった可能性もある。いずれにしても、造東大寺司被管の各部署では、他官司に比して民間人を多く採用していたようであり、彼らがそこに出仕することによって得られる経験は、単に写経などの専門的業務だけではなかったことが分かる。かかる経験から形成される彼らの信仰心を読み取ることは現状では難しいが、少なくとも、「未選」や「里人」を含む写経所官人の多くは、王権・国家の仏教信仰の影響をより受けやすい位置にいた、ということはできるであろう。

写経所官人が行った私的仏事の事例を想起すると、国家的な仏教事業が「未選」や「里人」のような人々を通じて社会に与えた影響は、より大きなものであったということができる。本書第一章で触れたように、請暇解には、「斎食」「斎会」などの仏事を彼らが私的に行っていたことが分かるのであるが、そのような仏教儀礼が地域社会に根付いていく背景には、中央官司に勤務する人々の仏教との関わり方が大きく介在していたのであり、国家的な法会に参加することの社会的な意味も、そこにある。すなわち、写経所官人のような人々が国家規模の法会に参列し、そこで身に付けた仏教儀礼の様式を本拠地に持ち帰り、いわば模倣という形で私的法会（親族の周忌斎など）を行うようになっていったのであろう。奈良時代後半から平安初期にかけての頃には、僧尼が私に檀越を定めて閭巷に出入するという実態が問題視されたり、あるいは民間において追善儀礼を行おうとする人々が居宅を売却して豪奢に供養や荘厳を振る舞ったり、その富豪さを競ったりして、貴賤の差がなく身分秩序を乱すといった社会的な情勢が問題になってくる（本書第一章）。かかる状況が地域社会の中に露呈してくるのは、国家が何十人もの僧尼を屈請して盛大に追善法会を実施していくような情勢と決して無関係ではなく、そのような影響を直接的に受けた下級官人たちを介して、仏教が在地に伝播し根付いていったことを示しているのである。したがって、その影響過程は、やはり写経所に勤務するような下級官人あるいは民間人たちの存在なしには考えられないのである。

註

(1) 石田茂作『写経より見たる奈良朝仏教の研究〈新装版〉』(東洋書林、一九八二年、初版一九三〇年) 二〇三〜二〇四頁。
(2) 井上薫『奈良朝仏教史の研究』(吉川弘文館、一九六六年) 二〇七頁。
(3) 山下有美『正倉院文書と写経所の研究』(吉川弘文館、一九九九年) 四一頁。
(4) 栄原永遠男「行基と中臣系氏族――伊勢信仰と仏教――」(野田嶺志編『地域のなかの古代史』岩田書院、二〇〇八年) 二一七頁。
(5) 矢越葉子「正倉院文書に見る造寺・写経事業と仏」(『「対話と深化」の次世代女性リーダーの育成・「魅力ある大学院教育」イニシアティブ (人社系) プログラム』平成十八年度活動報告書・海外研究事業編、二〇〇七年)。
(6) 栄原永遠男「上日帳について」(井上満郎・杉橋隆夫編『古代・中世の政治と文化』思文閣出版、一九九四年)。
(7) 栄原永遠男「上日帳について」(註6前掲)。
(8) 続修二二、三ノ一一二。
(9) 中村順昭「律令制下における農民の官人化」(同『律令官人制と地域社会』吉川弘文館、二〇〇八年、初出一九八四年)。
(10) 野村忠夫『官人制論』(雄山閣出版、一九七五年)。
(11) 塵芥三七、二ノ一五五〜一五六。
(12) 中村順昭「律令制下における農民の官人化」(註9前掲)。
(13) 続修四九、一四ノ一七五〜一七六。
(14) 案主や領の職掌については、山下有美『正倉院文書と写経所の研究』(註3前掲) を参照。
(15) 所属不明+続々修一八ノ六60、二五ノ二七〇〜二七一。

(16) 大日古一四ノ四一二・四二二～四三七。
(17) 栄原永遠男「上日帳について」（註6前掲）三六六頁。
(18) ここで使用する食口案の復原については、西洋子「食口案の復原（1）――正倉院文書断簡配列復原研究資料Ⅰ――」（『正倉院文書研究』4、一九九六年）を参照。
(19) 山下有美『正倉院文書と写経所の研究』（註3前掲）。
(20) 筒井英俊校訂『東大寺要録』（国書刊行会、一九四四年）による。
(21) 大仏鋳造については、前田泰次「盧舎那仏鋳造」（角田文衞編『新修国分寺の研究第一巻　東大寺と法華寺』吉川弘文館、一九八六年）を参照。
(22) 『続日本紀』天平二十年（七四八）八月辛丑（三）条。
(23) 『続日本紀』天平勝宝元年（七四九）四月丁未（十四）条。
(24) 『続日本紀』天平勝宝元年（七四九）十二月丁亥（二十七）条。
(25) 『続日本紀』天平十九年（七四七）九月乙亥（二）条、同二十年二月壬戌（二十二）条など。
(26) 『続日本紀』天平勝宝元年（七四九）閏五月甲辰（十一）条など。
(27) 『新訂増補国史大系』による。
(28) 『続日本紀』天平宝字五年（七六一）六月辛巳（二十八）条（『新日本古典文学大系』による）。
(29) 『続日本紀』延暦十年（七九一）五月丁亥（二十八）条、および同年六月壬辰（三）条。
(30) 臨時斎会等への一般民衆の参加を想定する見解もある。堅田修「奈良時代における寺院参詣」（同『日本古代信仰と仏教』法藏館、一九九一年、初出一九八七年）を参照。
(31) 『新日本古典文学大系』による。
(32) 宮内庁正倉院事務所編『正倉院古文書影印集成』一三〈続修別集　巻二三―五〇〉（八木書店、二〇〇〇年）。
(33) 『正倉院古文書影印集成』（註32前掲）の解説を参照。
(34) 維摩会については、上田晃円「興福寺の維摩会の成立とその展開」（同『日本上代における唯識の研究』永田文昌堂、一九八五年、初出一九八〇年）、井山温子「八世紀の維摩会について」（続日本紀研究会編『続日本紀の時代』塙書房、一九九四年）、谷本啓「「維摩会縁起」の史料性——古代維摩会史の復元史料として——」（『南都仏教』九三号、二〇〇九年）などを参照。

（35）「経師粟田君足解」（続々修四五ノ二裏、一四ノ一七八）。

（36）「占部忍男請暇解」（続々修三九ノ一裏、一七ノ五五八）。

（37）天平十八年（七四六）十月甲寅（六）条、および天平勝宝六年（七五四）正月辛丑（五）条など。

終　章　古代の都市社会と仏教

第一節　官人社会と仏教

奈良時代における官人社会と仏教という問題について、本書で論じた内容をまとめておくと、おおよそ次のようになる。

第一章では、写経所官人が行った私的仏事の例を請暇解などから抽出し、彼らの社会的な存在形態も踏まえながら、写経所官人のような人々の、古代社会における仏教受容の媒介者としての存在意義を明確にした。そして、在地社会に基盤を有する人々が如何にして仏教に関する知識・技術を獲得し得たのか、という問題を明らかにする必要性を提起した。

第二章では、「阿弥陀悔過知識交名」の分析を通じて、造東大寺司の「所」を媒介とする官人社会の構造と特質について検討した。「所」に見られるような雑任・白丁層によって構成される官人社会には、官民身分を問わず、氏族や出身地などの関係をも超えた、さまざまな人間関係の交流と連携が存在したのであり、そこでは政治・社会情勢における仏事の意義や国家行政に関するさまざまな情報が交錯していたと考えられる。

第三章では、造東大寺司における僧俗関係の発展過程を明確にするために、写経所における仏典奉請という業務に注目し、僧界との実務的な接触の実態を検討した。写経所官人たちは、写経所における現場作業の円滑な遂行のために多くの僧と実務連携や情報交換を行い、これによって僧界との繋がりをも多分に有していた。そこでの交流や人的繋がりを介して、僧俗間におけるさまざまな私的交渉が行われていたと想定され、僧尼の地域社会への広汎な往来をも可能にしたと考えられるのである。

第四章では、造東大寺司の仏教行政における法会事業の重要性を浮き彫りにするために、具体相が比較的詳しく判明する随求壇所と上山寺・吉祥悔過所の事業を取り上げ、両事業における運営の内実がある程度一般化できるであろうことを指摘した。奈良時代における国家仏教の隆盛に従い各種の法会も多く実修され、造東大寺司でも法会に直接かかわる運営体制が敷かれていたのである。また、当司の官人たちが、造寺・造仏・写経のほかに、法会事業における場の荘厳や作法の実践に関わる実務にも携わっていたことも重要である。

第五章では、正倉院文書中に見られる「供奉礼仏」という記載が示す業務の実態について論じた。この記載は、上日帳の帳簿としての性格や食口案記載の多種多様な業務内容の検討から考えると、多くの写経所官人が国家規模の法会にも参加していたことを示していると考えられるのである。したがって、彼らが国家的仏教信仰の影響を受けやすい位置にいたことは明らかであり、かかる経験が、請暇解に見られる「斎食」「斎会」などの仏事を私的に行い、地域社会に根付かせていく契機になったものと考えてよい。

以上、古代社会における仏教の影響過程の一端を、官人社会における人的交流、および仏教儀礼と官人との関係という視点から、正倉院文書を中心に据えて論じたのであるが、人的交流の歴史的ないし社会的意義に関していえば、当然のことながら、単に仏教の普及という点にのみ集約されるわけではない。多くの写経所官人たちは、在地社会に影響力を維持しつつ、官人社会を通じてさまざまな情報や知識・技術を獲得し、これによって、多くの文物が多方面にわたって伝播していったのである。すなわち、彼らのような雑任・白丁層の存在意義は、中央と地域社会とを有機的に繋ぎ、多くの先進文化の社会的受容に貢献したものと評価できるのである。とくに、僧界との交流を明確にできたことは、僧尼の都鄙間交通の実態[1]と合わせて、学僧中心の仏教界と俗社会との接触をあまり評価してこなかった従来の研究[2]から、大きく進展させるものではないかと考える。

また、法会が実修されることの意味は、仏教の呪術的側面が第一義であると思われるが、国家規模で行われる盛大な儀礼の場合、そこに結集・奉仕する人々が存在し、それを前提として発揮される可視的な効果があった。法会によって現出される場の荘厳や作法の実践は、教理的な側面ではなく、参加する人々の体験的・直感的な仏教受容を促す機会として大きな意味を持っていたと思われる。したがって、僧俗関係の発展過程と同様に、王権・国家による法会事業の展開も、仏教の社会的受容と決して無関係ではなかったことが分かる。

序章でも触れたように、勝宝七歳（七五五）の六人部東人による写経は、明らかに中央の先進文化に依拠しながら地方で仏教的営為を行っており、国家から民間への影響過程を示す事例である。写経所官人の場合に目を転じてみると、請暇解に窺えるように、彼らは法会や写経、寺院参詣等の私的仏事をさまざまに行っている（本書第一章、表1参照）。かかる営為が地域社会においても見られるのは、僧俗の交流や各種仏事への奉仕といった中央での多くの経験があったからに他ならない。例えば追善法会は、奈良時代に王権・国家の忌日斎会が多く見られるが、元明の一周忌、元正の諸七、聖武の五七・七七・一周忌、光明子の七七、称徳の七七、光仁の一七・一周忌、新笠の諸七に、多くの僧尼を屈請したことが窺え、盛大に行われたことが分かる。これらに写経所官人が参列・奉仕していたとすれば、彼らが私的な法会を実施する際にこれに準拠することは必然である。彼らが僧尼を屈請して「斎食」や「斎会」を催していたのは、中央で身に付けた儀礼の様式や知識を在地社会に持ち帰って行ったものなのである。したがって、「追孝之徒」が追善法会を豪奢に振る舞うという社会的状況は、王権による追善法会の盛行と確かに連動するのである。

また、菩薩に油（灯明）を奉献するという営為は寺院に参詣しているものと考えられるが、これらの事例は、このような仏事に関する情報が官人社会において流通していた可能性を示唆する。勝宝五年（七五三）八月五日付の法華寺牒[3]では、法華寺が「依例為奉読秋分」という理由で、同年九月三日付の「東大寺僧安寛請経文[4]」では、安寛が「為大御多末爾将誦」という理由で、神護二年（七六六）六月三日付の「東大寺三綱牒[5]」では、東大寺三綱が「為行雨祈法」という理由で、それぞれ写経所に仏典を借用依頼している。これらからは、何時、何処で、如何なる目的の仏事が催されるのかという情報が、少なくとも写経所の事務官には認識されていたことが判明する。おそらく、事務官以外の写経所官人たちの間でもこのような情報は流通していたと考えられるのであり、彼らが私的に寺院の仏事に参加する契機となったはずである。それと同時に、仏教儀礼の様式や目的・信仰、さらには各種の霊験譚のようなものも、民間に広く普及していったのではないかとさえ思われてくる。

このように、官人社会の構造や機能を重視することによって、仏教が民間へ受容されていく様子が浮かび上がってくるのである。したがって、造東大寺司という巨大官司の運営とその展開は、仏教の社会的受容において大きな役割を果たしたといっても過言ではあるまい。序章で述べたように、従来は国家から社会への仏教の影響過程が具体的に描かれてこなかったが、官人社会に視点を据えた本書での検討によって、その一端をある程度具体化できたのではないかと思う。

では、官人社会から見た仏教の社会普及という問題を考えた場合、新たな展望として、どのような課題あるいは視角が浮かび上がってくるであろうか。私は、都市社会と仏教という問題に波及する可能性を考えている。次に、これについての若干の見通しを述べておきたい。

第二節　古代都市論への視角

官人社会、とりわけ「所」を媒介とする造東大寺司管下での人々の交流には、複合的な人間関係が見られ、都市的な色彩を帯びた社会構造であったと思われる（本書第二章）。そして、その構造や社会的機能を仏教史研究において重視した場合、都市社会という問題を考える必要性が出てくるのである。

日本の古代都市をめぐっては、多くの議論が蓄積されており、農村からの隔離・独立性、人々の過度の集住、都城の造営に伴う条坊制の施行、流通経済・社会的分業体制の成熟、統合中枢の形態・整備など、多様な指標が都市の成立を認める条件として提起されている。(6) いずれの指標も、それ自体の成熟度には諸段階があるが、おおよそ共通するのは、王権による統合中枢ないし行政機構の整備と、それに伴う生産業の一定の発展や人口の過密化を、都市概念の条件とする点であろう。したがって、官僚機構を媒介として形成される官人社会は、都市社会に包含されるものであり、少なくとも両者は重なり合う部分が大きいということができる。都市社会における人々の私的な交流と、官僚機構における公務上の結びつきとは同列に扱えないとしても、本書第二章で見た官人社会の構造とその機能は、都市社会のそれを考える上で、重要な指標となるはずである。

日本の古代都市は、階層性による秩序が明確であったとよくいわれる。確かに、「政治都市」という性格が強い平城京では、身分や貧富の格差が顕著に表れていたことは否めないが、人々の交流という点に関しては、階層的な要素をそれほど強調する必要はないのではないかと考えている。本書第二章で論じたように、造東大寺司被管の「所」を媒介とする官人社会は、雑任・白丁層が主であるが、官民身分や氏族などの人間関係を超えて人々が交流していたと考えられる。正式な官司ではないとはいえ、官営組織である「所」においてもかかる交流があったのであれば、人々の私生活を含む多様な都市空間においても、身分等を超えた広汎な交流が日常的になされていたことは、容易に想像がつくところである。

また、平城京の社会構造を考えた場合、中央官司やそれに付随する組織に何らかの形で関わる人々が、都市社会の主な構成員となる(7)。京戸の本質と都市構造について考察した北村優季氏は、京の構成員としての一般京戸について、「当初の設置目的はあくまでさまざまなかたちで朝廷に「奉仕」することにあった(8)」と想定されており、市川理恵氏も、「京に編戸される京戸は、物理的に王権の近くにいることを想定された人々であった。（中略）その身分を限定せずに、王権に密着した人々が京戸になったものと思われる」と述べられている。平城京は、天平十二年（七四〇）～同十七年の約五年間に遷都されたこともあるが、全体として八〇年近く存続した宮都である。その間には、官人が非官人になったり、懲役後も京に住みついたりなど、次第に王権との関係がなくなった人々も増加していったであろう。しかし、和銅元年（七〇八）には、菅原の地の民が立ち退きを命じられているように、一般農民が京戸に取り込まれることはなく、やはり平城京の場合でも、当初は上記両氏がいう理念のもとに設定されていたのである。[11] したがって、王権に関わる人々の集住という観点からいえば、官人社会の構造や機能は、都市社会の大部分を規定するものであったと見てよい。

従来からいわれてきたように、[12] 平城京を主な活動の場とする人々は、在地社会に本拠を置く者が多い。それは、農村への依存度が高い古代都城の都市としての限界を表しているともいえる。[13] しかし、マルクス史観的な都市概念を前提とした見解に関しては、北村氏[14]や仁藤敦史氏[15]によって見直されつつある。また、古市晃氏[16]のように、律令制都城以前の飛鳥の王都に注目し、流動性が強く都市民としては未成熟な消費生活者の存在を都市の重要要素とする見解も見られ、近年の古代都市論は、中世都市や西欧のそれとは異なる独自の性格をもって捉えようとする傾向が強い。これらのような提言により、中央への恒久的居住形態＝都市民の定着化や農村との完全な分離を意味しなくとも、官司等の支配機構の整備とそれに伴う生産業の発展や人々の集住がある程度認められるならば、それを「都市」と呼び得る可能性が出てきたのである。したがって、造東大寺司行政のように、寺院造営を中心とする数々の国家事業のために集住し、その末端を支えた雑任・白丁層のような人々が、中央の影響を受けつつ在地での要請に応える活動を行っている場合、そこに都市的な展開を見ることが可能となるのである。

さて、古代史研究における都市と仏教という問題についても、示唆に富む研究がいくつか見られる。とくにこのテーマを明確に意識して論じたのは、京樂真帆子氏であり[17]、平安京都市社会における仏教の展開を、貴族の「家」や「乞食」といったキーワードから検討し、平安中期頃に見られる平安京の都市的性格の画期と連関させて論じられている。ただ、氏も述べられている通り、奈良時代の仏教のあり方が整理された平安時代の都市＝平安京には、当初は東寺・西寺以外に寺院が建立されなかった。このため、多くの寺院が所在した平城京とでは、その社会構造による仏教の展開は全く様相が異なってくる。平城京社会に視点を据えるならば、仏教が地域社会に広く受容された背景として、この段階での都市の社会構造や機能の特質を理解する必要がある。これに関して重視すべきものとして、勝浦令子氏の研究がある。

勝浦氏は、行基集団の構成員を分析し、平城京における行基の活動において、その拠点となった菅原寺（喜光寺）の周辺地域に居住する人々が行基集団の構成員であったこと、彼らの中に下級官人層が少なからず存在したこと、行基集団の活動の畿内諸国への移行を、都市で活動した構成員の本拠地への展開として捉えられること、などを指摘された[18]。また氏は、光覚知識経に見える知識参加者についても分析し、現存するものだけでも二〇〇人近くの名が確認できる大規模な知識結に、僧尼や下級官人層とその親族・地縁者などが含まれると指摘し、都市的な場を背景としたさまざまな人間関係によって、平城京居住民から畿内諸国の人々へと知識勧進が拡大・展開していったと想定された[19]。このように、都市的な場を媒介とした人間関係が、行基集団と光覚知識経という二つの事例から見出せるのである。

これらの事例は、平城京の住民の多くが恒久的に都市に定住する人々ではなく、在地社会に基盤を有する人々によって構成されていたことを示しており、平城京における社会構造が仏教の在地社会への伝播を促したことを明示している。平城京住民の多くも、雑任・白丁層のような人々と同様に、在地との繋がりを維持することにより、中央と地域社会とを有機的に繋ぐ媒介者となったのである。

このように古代都市論は、仏教の地域社会への浸透や影響過程の具体化という問題を論じる場合に、決して無視することができない視角なのである。

なお、鬼頭清明氏の著書『日本古代都市論序説』[20]は、奈良時代における三人の下級官人の活動に焦点を当て、彼らの経済活動や人間関係から都市的な性格を抽出する、というコンセプトを持っている。留意すべきは、この著書の中に、仏教と地域社会の問題に関する二本の論文が、補論として収録されている点である[21]。氏は明示されていないものの、下級官人の動向から仏教の都市的展開を言及する必要性、すなわち仏教の地域社会への伝播を古代都市論の視点から論じるという構想を抱いておられたように感じられる。結局のところ氏は、このテーマを明確にした論考は公表されなかったようであるが、古代都市論の視角が仏教史研究において重要となることは、もはや言を俟たないであろう。

以上のように、都市という視点から見た仏教の民間・地方への伝播・普及の過程については、すでに関連する研究も見られ、かかる視角が重要になることは明白である。しかし、信仰面に関する問題、すなわち仏教信仰の史的変容や地方における受容の実相に関していうと、都市社会との関係を想定して言及されることは、とくに奈良時代の場合にはほとんどなかったように思われる。本書でも、官人社会における信仰形態についてはあまり論じることができなかったが、彼らの仏教との関係を考慮した場合、古代都市論の視角から仏教信仰の受容・変容を検討する必要があるのではないかと考えている。

第三節　都市社会と仏教信仰

写経所官人の信仰形態はほとんど不明であるが、本書第一章で論じたように、請暇解を見る限りにおいては、追善という信仰形態が顕著である。これは、鬼頭氏[22]が民間写経の仏典選択や願文の分析によって指摘する、畿内・地方豪族層の信仰形態と類似したものである。氏は、民間写経の発願主体は畿内・地方豪族層が主であったと想定し、その仏教信仰には国家仏教的色彩は希薄で、願文の分析からは祖先崇拝、仏典選択からは呪術的信仰が窺われることを指摘された。写経所官人たちに追善という信仰形態が顕著であることは、祖霊供養的特徴と通じるものがある。王権・国家の仏教信仰の影響を受けやすい位置にいたとはいえ、信仰内容の受容には、支配者側との乖離性が認められるのであり、彼らの信仰には鬼頭氏の指摘と同様に、国家仏教的色彩とは一線を画するものがあるようである。

このことは、光覚知識経の特徴とも符合する。勝浦氏[23]によると、光覚知識経には、「恩重父母」[24]のように父母への追善を示すと思しき記載があり、知識参加者が、この写経が持つ光明子への追善という本来の目的とはやや離れて、個人的祈願をもって参加していたことが窺われるという。また、行基集団にも、『続日本紀』天平三年（七三一）八月癸未（七）条に、

詔曰、比年、随二逐行基法師一優婆塞・優婆夷等、如レ法脩行者、男年六十一已上、女年五十五以上、咸聴二入道一。自余持レ鉢行レ路者、仰二所由司一、厳加二捉搦一。其有レ遇二父母・夫喪一、期年以内脩行、勿レ論。[25]

とあるように、父母等の追善を目的としてその活動に参加する者が多く存在したことが窺える。

　このように、写経所官人のような中央・地方の在地社会に基盤を有する人々にとって、仏教は国家のためのものではなく、個人的な信仰対象であったと思われる。そこには在来の神祇的な祖霊供養との関係が想定され、それは、中央と在地との狭間に位置する者の信仰形態に現れた特質であったのではないかと考えられる。在地富豪層は支配圏の民衆からの精神的要求を強く受けていたであろうし、その影響が、在地に基盤を残しつつ中央に出仕する者の、官人社会ないし都市社会を媒介とする仏教の受容形態に現れることは必然である。したがって、写経所官人の信仰形態の特質には、個人的性格だけでなく、かかる影響の問題を考慮しなければなるまい。

　鬼頭氏は、「行基の集団が平城京を中心に展開したとはいえ、決してそれが他の農村地域とは異なった都市的信仰としての特色をもっていたとは考えられない[26]」という。ただ氏は、「都市的信仰」をどのように規定するのかについて記すところがない。行基集団の仏教信仰を、国家仏教的な信仰とは異なる民間社会の仏教を代表するものとしていることから、民間写経に見られるような在地富豪層の信仰形態とは異なる性格を、「都市的信仰」と想定されているようである。しかし、都市＝平城京に居住する人々の大半を雑任・白丁層と同様に考えるならば、在地社会の受容形態と「都市的信仰」が大きく異なるものではなかったことは、当然であると考えられる。信仰面においては、平城京の段階で都市特有の性格を見出すことは難しいともいえるが、むしろ、在地社会における信仰のあり方を反映したものであるからこそ、この時代における都市的展開といえるのではなかろうか。したがって、人々の居住形態や流通経済などの問題と同様に、平城京という都市においては、仏教信仰も在地からの影響を多分に含んだものであったと考えられる。

しかしながら、それだけで都市社会を媒介とした仏教信仰の展開を論じてもあまり意味がない。やはり都市社会独自の信仰のあり方が問われなければなるまい。

そこで参考になるのが、平雅行氏の見解である。氏は、九世紀後半～十世紀後半の時期に都城から王朝都市への変貌が進行したとし、

都城を舞台とする治安の悪化と政治不安の増幅、そして都市化の進展による人口の流入と自然に対する脆弱性の倍加（疫病・災害の深刻化）、こうした中で都市貴族を中心に視えない世界への不安感が増幅され、様々なタブーや死霊・死穢・物怪・来世の観念を異様なほど肥大化させていったのではなかろうか。そしてその一環として浄土教の発達があるのだろう。[27]

と述べられている。このような都市の発展と仏教信仰の変容との関連性は、質や規模の差こそあれ、奈良時代においても当てはまることではないかと考えられる。北村氏[28]や仁藤氏[29]は、平城京における都市問題の顕在化を指摘されており、とくに、仁藤氏の「疫病・盗賊・社会不安による新たな信仰集団の出現」などの多様な都市問題が平城京後半段階に噴出するという見解は、都市問題と人々の信仰がリンクする可能性を示唆している。天平期に発生した疱瘡（天然痘）の流行をはじめ、人々の集住による環境汚染や治安悪化というさまざまな都市問題は、八〇年近く続いた平城京においても顕在化し

ていたのである。これによる人々の信仰のあり方やその変容に仏教の影響を見出すことは、本書で論じた官人社会における仏教との深い関係を考慮するとき、やはり避けては通れない問題である。

平城京内遺跡からは、人面墨書土器・人形・斎串等の多くの祭祀遺物が出土していることが報告されている。これらの検討から、都市住民たちの信仰の重要な要素として、病気などをツミ・ケガレとして解除する（祓う）という宗教的行為が流行していたことを論じる先学も多い。[30] 実は、写経所官人の請暇解にも、同様の信仰が彼らの間に流行しつつあったと思わせる事例が、わずかながら確認できる。[31] 天平期に流行した疱瘡の影響もあり、奈良時代の都市住民たちにとって疫病対策は、平穏な都市生活を送る上で大きな問題となっていたのであり、これを解消する手立てとして、かかる営為が都市住民の間で多く行われていたのである。そこに仏教の影響が介入するとすれば、病気などの災厄を罪業の果報として観念し、これを作善により中和・滅するという思想ではなかったか。

国分寺・国分尼寺建立の思想に関する吉田一彦氏の研究によると、国分尼寺の法華滅罪の「滅罪」とは、瘡・癩などの病が果報として表れる罪業を滅する、という意味ではないかという。[32] この見解は、奈良時代の疱瘡の流行を背景としている点で、建立の詔の内容とも発布の時期とも矛盾せず、蓋然性の高いものと考えられる。これに代表されるような罪業観とそれを解消する営為・思想は、上記のような都市問題に苛まれる多くの人々にとっても受け入れやすいものであったと思われる。奈良時代には、仏教儀礼としての悔過が多く行われたり、[33] 地方では神が罪業を嘆く神身離脱の観念が見られたりもした。[34] そして、写経所官人たちの間では、上記したような罪穢を祓う営為の流行が窺え、さらに悔過に結縁したり、灯明を奉献したりするなどの仏教的作善行為も見られた（本書第一章、表1参照）。

これらを総合して考えると、仏教信仰による罪業観は、官人社会においてまず定着し、これが都市社会を媒介として地方にも影響を与えていったと見ることができるのではなかろうか。疫病流行をはじめとする多様な都市問題が、罪業による果報の表れという思想を人々に強烈に印象づけたものと考えられ、この思想が都市社会を背景として、多くの日本人の精神に定着していったと思われるのである。

なお、かつて神身離脱の観念は、農耕社会との関係が密接で、在地からの要請によって在来神の機能が仏教思想と融和した現象であるとされていた[35]。しかし近年は、中国の思想を模倣したことによって中央から地方へもたらされた思想論理であったとされており[36]、日本在来の信仰と仏教との習合形態ではないと断じる見解すらある[37]。中国思想の影響という点は間違いないと思われるが、在来信仰との関係を認めない見解には、ただちに従えない。例えば、写経所官人の安宿広成は、斎食を営んだことが請暇解によって知られる（本書第一章、表1参照）が、その一方で神祇祭祀を理由に請暇してもいる[38]。彼は、河内国安宿郡地域に基盤を持つ在地富豪層であると考えられ、その地で神祇祭祀を行いながら、仏事をも営んでいたのである。広成のような富豪層ないし雑任・白丁層という存在形態の人々が、中央と在地とを有機的に繋ぐパイプ役となったと考える以上、そこに在来の信仰が介在しなかったとは思えない。勿論、広成が行った宗教的営為が神身離脱の理念によるものであったかどうかは分からない。しかし、神と仏の習合ないし摩擦という現象の背景には、中国思想の模倣という側面があるにしても、中央における活動の影響を受けながら在地での要請に応えようとした人々の存在も重視し、それが何故受容され得たのかを問う必要があると考える。そういう意味で、神仏習合の展開に関しても、都市社会という視角から言及する余地は、まだ残っているのではないかと思われる。

このように、本書第一章~第五章で十分検討できなかった信仰の内実とその変容・展開過程は、平城京という都市の成熟に伴うさまざまな社会問題、ないし社会構造を考慮した上で検証していかなければならないのである。本書で設定した問題は、「古代社会における仏教の受容・展開過程の具体化」であったが、これを一層実現するためには、官人社会からさらに視野を広げ、王権による支配機構の整備、生産業の発展・人々の集住、さらにそれらに伴う都市問題の発生といった視角から言及する必要があると考えている。

註

(1) 鈴木景二「都鄙間交通と在地秩序――奈良・平安初期の仏教を素材として――」(『日本史研究』三七九号、一九九四年)。
(2) 例えば、井上光貞『日本浄土教成立史の研究』(山川出版社、一九五六年)など。
(3) 塵芥二八裏、四ノ九六5~九七2。
(4) 続々修一六ノ七、一三ノ四〇。
(5) 続々修一七ノ七裏、一七ノ一九。
(6) 古代都市論の総括・課題の概略は、京樂真帆子「平安京都市社会史への視角」(同『平安京都市社会史の研究』塙書房、二〇〇八年、初出一九九四年)、寺崎保広「古代都市論」(同『古代日本の都城と木簡』吉川弘文館、二〇〇六年、初出一九九五年)、古市晃「都市の成立――集住と統合中枢――」(同『日本古代王権の支配論理』塙書房、二〇〇九年、初出二〇〇二年)、仁藤敦史「古代都市の成立と貧困」(『歴史学研究』八八六号、二〇一一年)などを参照。
(7) 例えば、中村順昭「平城京の住民構成」(同『律令官人制と地域社会』吉川弘文館、二〇〇八年、初出一九八

三年）では、想定できる住民構成として、①五位以上の貴族官人、②中級官人（六位以下の長上官）、③下級官人（雑任クラス）、④帳内・資人、⑤諸種の学生・後宮の女官、⑥官人たちの家族、⑦僧尼（沙弥・沙弥尼を含む）・寺奴婢、⑧市人、⑨諸国から徴発される力役者（仕丁・衛士・運脚夫など）、というように分類されている。

(8) 北村優季「条坊の論理」（同『平城京成立史論』吉川弘文館、二〇一三年、初出一九九三年）二〇八頁。

(9) 市川理恵「古代日本の京職と京戸」（同『古代日本の京職と京戸』吉川弘文館、二〇〇九年）二七八頁。

(10) 『続日本紀』和銅元年（七〇八）十一月乙丑（七）条。

(11) 王権に奉仕する役目のない農民が一般京戸として取り込まれたとする見解もあるが、市川氏による異論があり、これに従いたい。市川理恵「古代日本の京職と京戸」（註9前掲）を参照。

(12) 中村順昭「律令制下における農民の官人化」（同『律令官人制と地域社会』吉川弘文館、二〇〇八年、初出一九八四年）、栄原永遠男「平城京住民の生活誌」（岸俊男編『日本の古代第9巻　都城の生態』中央公論社、一九八七年）。

(13) 狩野久「古代都城研究の視角」（同『日本古代の国家と都城』東京大学出版会、一九九〇年、初出一九六二年）。

(14) 北村優季「古代都市史研究の特質」（同『平城京成立史論』吉川弘文館、二〇一三年、初出一九九六年）。

(15) 仁藤敦史「古代都市の成立と貧困」（註6前掲）。

(16) 古市晃「都市の成立」（註6前掲）、同「飛鳥の空間構造と都市住民の成立」（同『日本古代王権の支配論理』塙書房、二〇〇九年）。

(17) 京樂真帆子「平安京における寺院と出家」（同『平安京都市社会史の研究』塙書房、二〇〇八年、初出一九九三年）。

(18) 勝浦令子「行基の活動における民衆参加の特質——都市住民と女性の参加をめぐって——」（同『日本古代の僧尼と社会』吉川弘文館、二〇〇〇年、初出一九八二年）。

(19) 勝浦令子「光覚知識経の研究」（同『日本古代の僧尼と社会』吉川弘文館、二〇〇〇年、初出一九八五年）。

(20) 法政大学出版局、一九七七年。以下、同氏の著作はすべて同書所収。

(21) 鬼頭清明「天平期の優婆塞貢進の社会的背景」（初出一九七二年）、同「奈良時代の民間写経について」（初出一九七四年）。
(22) 鬼頭清明「奈良時代の民間写経について」（註21前掲）。
(23) 勝浦令子「光覚知識経の研究」（註19前掲）。
(24) 個人蔵『衆事分阿毘曇論』巻一一（『寧楽遺文』中巻、六三六頁）。
(25) 『新日本古典文学大系』による。
(26) 鬼頭清明「高屋連赤万呂の世界」八九～九〇頁。
(27) 平雅行「浄土教研究の課題」（同『日本中世の社会と仏教』塙書房、一九九二年、初出一九八八年）六七頁。
(28) 北村優季「古代の都市問題」（同『平城京成立史論』吉川弘文館、二〇一三年、初出二〇〇二年）。
(29) 仁藤敦史「古代都市の成立と貧困」（註6前掲）。
(30) 金子裕之「都人の精神生活」（岸俊男編『日本の古代第9巻　都城の生態』中央公論社、一九八七年）、三宅和朗「律令期祭祀遺物の再検討」（同『古代の王権祭祀と自然』吉川弘文館、二〇〇八年、初出二〇〇四年）、浅野啓介「平城京に暮らした人々の祈り」（三宅和朗編『環境の日本史2　古代の暮らしと祈り』吉川弘文館、二〇一三年）など。
(31) 「大宅童子請暇解」（続々修三九ノ一裏、一七ノ五六一8～五六二2）、「葦浦継手不参啓」（続々修四〇ノ三裏、二二ノ五八九）。
(32) 吉田一彦「国分寺国分尼寺の思想」（須田勉・佐藤信編『国分寺の創建〈思想・制度編〉』吉川弘文館、二〇一一年）。
(33) 古代の悔過については、山岸常人「二月堂の成立」（同『中世寺院社会と仏堂』塙書房、一九九〇年、初出一九八〇年）の表1を参照。
(34) 神身離脱という観念については、神の悔過として捉えてよいとする見解もある。上川通夫「古代仏教の歴史的展開」（同『日本中世仏教形成史論』吉川弘文館、二〇〇七年、初出一九八九・九一・二〇〇五年）。
(35) 田村圓澄「神宮寺と神前読経と物の怪」（同『日本仏教史2　奈良・平安時代』法藏館、一九八三年、初出一九五四・六二年）、高取正男「神仏習合の起点」（同『民間信仰史の研究』法藏館、一九八二年、初出一九六九年）。

(36) 吉田一彦「多度神宮寺と神仏習合――中国の神仏習合思想の受容をめぐって――」（梅村喬編『古代王権と交流4　伊勢湾と古代の東海』名著出版、一九九六年）。

(37) 上川通夫「古代仏教の歴史的展開」（註34前掲）。

(38) 安宿広成謹解（続修二〇、六ノ一七二）。

あとがき

本書は、二〇一二年九月、同名の題目で大谷大学に提出した学位請求論文がもとになっている。本書の編集に際しては、大幅に修正と加筆を行った。第一章を除けば、ほぼ新稿だけで構成されているが、念のために成稿一覧を左に示しておく。

序　章　古代仏教史研究と官人社会への視座
　新稿
第一章　写経所官人と仏教
　原題「写経生と仏教」（『大谷大学大学院紀要』二七号、二〇一〇年）。再録に際しては、誤記・誤植の訂正、およびその後の知見による修正・補足を加えた。
第二章　造東大寺司における官人社会――「阿弥陀悔過知識交名」に見る――
　新稿。ただし、二〇一三年十一月十六日の佛教史學會学術大会（於龍谷大学）にて、同題で口頭発表を行った。
第三章　造東大寺司における僧俗関係

新稿

第四章　造東大寺司と法会事業

新稿

第五章　正倉院文書に見える「供奉礼仏」

新稿。ただし、二〇一三年十月二十六日の第三二回正倉院文書研究会（於大阪市立大学文化交流センター）にて、「正倉院文書に見える「供奉礼仏」について」という題目で口頭発表を行った。

終　章　古代の都市社会と仏教

新稿

学位請求論文の口頭試問は、主査を大谷大学教授の宮﨑健司先生に、副査を同大教授の池田敬子先生、花園大学名誉教授の吉田清先生、神戸大学大学院准教授の古市晃先生の三先生に御担当いただいた。各先生からは、貴重な御意見・御批判をいただいたが、本書刊行に際して、それらのすべてを反映させることができなかった点を、深くお詫びしたい。

正直なところ、若輩で未熟な筆者が、論文ならまだしも著書を公にするということには、心中に若干の抵抗感があった。分厚い業績を持たれる御高名な先学や優れた若手・中堅研究者らが参入する高水準な学界に、自身の拙い研究が、一冊の本という形で紛れ込む余地があるとは思えなかったからである。しかしながら、大谷大学大学院にて指導教官であった宮﨑健司先生に御推薦をいただいたことで、本書の刊行が実現した。読むに堪えない内容とは思うが、自身の見解が如何に未熟なものかを知ることも進歩と思い、恥を承知で刊行させていただくことになった。御推薦をいただいた宮﨑先生、口頭試問で多くの御指摘をくださった各先生、そして出版申請を受理してくださった日本仏教史研究叢書編集委員の先生方には、謹んで御礼を申し上げる。

序章でも述べたことであるが、古代社会の仏教受容についての問題は、『日本霊異記』を柱とする研究方法が主流であり、正倉院文書研究はまだこれに追いつくには至っていない。この問題に挑戦しようとしたのが本書である。筆者も当初は、日本古代における民衆と仏教というテーマで『霊異記』を主として研究を進めていた。しかし、何か新しい歴史像を構築しようとしても、史料的制約の中では、先行研究の整理と問題点の抽出という段階から大きく前進することがなかなかできずにいた。そんな時に請暇解を読んで、下級官人や都市住民たちの私的な仏事が、古代社会における仏教普及の役割を果たした事例として、重要な研究素材になるだろうという目論みを立てることができ、正倉院文書という写経所官人たちの世界に引き込まれていったのである。その後、都市社会の視角から仏教史像を捉えるというテーマに設定し直したが、あまりにもスケールが大きすぎたために、もう少し視点を絞り込んで、最終的に官人社会と仏教という問題に落ち着いた次第である。

聞くところによると、最近は正倉院文書研究も若干停滞気味であるらしい。これは、多くの帳簿の復原作業がなされ、全貌がある程度判明する個別写経事業の研究成果が出し尽くされた感を呈するほどに進展したためではないかと思われる。それでも正倉院文書には、まだまだ貴重な情報が眠っている。その貴重な情報から掘り起こした事実を集積していけば、さらなる古代史像が描けるに違いない。

本書第五章で扱った上日帳には、「供奉礼仏」という注記を書き込む前に擦り消された痕跡があったが、この擦り消された経緯を追究していくことにより、写経所官人と仏教儀礼との関係に関する重要な事実を導き出すことができたのである。このように、細かい痕跡から大きな問題の解明への糸口を見つけ出すというところに、この史料を扱う醍醐味があるということができる。この帳簿群には、重要な事実を物語る記載・痕跡が山ほど潜んでいるのである。それらを如何に見つけ読み取っていくかが、正倉院文書研究の停滞気味な状況を克服するために重要になってくる。そしてそのためには、今後の原本調査の成果やそれによる研究環境の整備も必須であるが、何よりも上記のような醍醐味が広く知られる機会がなければならないと考える。丸山裕美子氏の『正倉院文書の世界――よみがえる天平の時代――』（中公新書、二〇一〇年）や、栄原永遠男氏の『正倉院文書入門』（角川学芸出版、二〇一一年）など、この方面の研究を開拓・推進されてきた先学によって、入門書の類が近年少しずつ刊行されてきたが、それは上記のような必要性を実感されてのことではないかと思う。

正倉院文書は、史料としての扱いがたいへん煩瑣であることから、基本的には大学院ゼミなどにおける先達の導きがなければ、扱う技術を習得することが難しいといわれている。なかには、卓越した熟達力と強い意欲をもって独学で体得した方もおられるようであるが、非力な筆者の場合、幸運にも大谷大学大学院において、宮﨑健司先生から手ほどきを受けるという恵まれた環境に身を置くことができた。先生の口癖である「正倉院文書は宝の山」という意味を理解するには、多少なりとも時間を要したが、気がつけばこの史料の奥深さと醍醐味に興味を引かれてしまい、研究する意欲を掻き立てられる日々を送っている。このような御縁をいただいたことに深く感謝している。

歴史学の基礎的なことは、すべて吉田清先生に教わった。先生からはとくに、「史料は地道に読み進めながら集めろ」「史料は素直に読め」「史料カードを必ず作れ」といったことを入念に叩き込まれた。デジタル化が進む現在、歴史学においてもその波が押し寄せてデータベース化の必要性に迫られているが、先生に習った史料の収集や整理の方法は、現在でも細々と続けている。今思えば、一見無駄のように思える作業の積み重ねこそが学問の基本であることを、先生に教えられたような気がする。そういう意味で、デジタル化・情報化の現在に生まれ育った筆者が、コンピューターや電子機器などによる情報処理に頼らない地道な手作業の重要性を先生から教わることができたのは、何よりも幸運なことであったと思う。

最後に、学業を通じてご支援をいただいた多くの先学や学友・後輩、また、筆者の研究を温かく見守ってきてくれた両親・親類、そして本書編集の際にお世話になった法藏館編集部の田中夕子氏には、心からお礼を申し上げる。その他、本書執筆までにいただいた多くの方々からの御助言・御縁にも深謝する次第である。

平成二十六年二月

大艸　啓

日本仏教史研究叢書刊行にあたって

仏教は、普遍的真理を掲げてアジア大陸を横断し、東端の日本という列島にたどり着き、個別・特殊と遭遇して日本仏教として展開した。人びとはこの教えを受容し、変容を加え、新たに形成し展開して、ついには土着せしめた。この教えによって生死した列島の人々の歴史がある。それは文化・思想、さらに国家・政治・経済・社会に至るまで、歴史の全過程に深く関与した。その解明が日本仏教史研究であり、日本史研究の根幹をなす。

二十世紀末の世界史的変動は、一つの時代の終わりと、新たな時代の始まりを告げるものである。歴史学もまた新たな歴史像を構築しなければならない。終わろうとしている時代は、宗教からの人間の自立に拠点をおいていた。次の時代は、再び宗教が問題化される。そこから新しい日本仏教史研究が要請される。

新進気鋭の研究者が次々に生まれている。その斬新な視座からの新しい研究を世に問い、学界の新たな推進力となることを念願する。

二〇〇三年八月

日本仏教史研究叢書編集委員

赤松徹真　大桑　斉
児玉　識　平　雅行
竹貫元勝　中井真孝

大艸　啓（おおくさ　ひろし）
1982年京都府生まれ。2005年花園大学文学部史学科卒業、2007年花園大学大学院文学研究科修士課程日本史学専攻修了、2011年大谷大学大学院文学研究科博士後期課程仏教文化専攻満期退学、2013年大谷大学任期制助教着任、現在に至る。博士（文学・大谷大学）。論文に「『日本後紀』大同元年三月辛巳条の「璽抃剣櫝」に関する一考察」（『歴史の広場』13号、2010年）、「天平宝字四年の随求壇供」（『仏教史学研究』54巻２号、2012年）など。

日本仏教史研究叢書
奈良時代の官人社会と仏教
二〇一四年一〇月二〇日　初版第一刷発行
著　者　大艸　啓
発行者　西村明高
発行所　株式会社　法藏館
京都市下京区正面通烏丸東入
郵便番号　六〇〇-八一五三
電話　〇七五-三四三-〇〇三〇（編集）
〇七五-三四三-五六五六（営業）
装幀者　山崎　登
印刷・製本　亜細亜印刷株式会社

ISBN 978-4-8318-6042-2 C1321

日本仏教史研究叢書

【既刊】

京都の寺社と豊臣政権……………伊藤真昭　二、八〇〇円
思想史としての「精神主義」………福島栄寿　二、八〇〇円
糞掃衣の研究　―その歴史と聖性……松村薫子　二、八〇〇円
『遊心安楽道』と日本仏教………愛宕邦康　二、八〇〇円
日本の古代社会と僧尼…………堅田　理　二、八〇〇円
日本中世の宗教的世界観…………江上琢成　二、八〇〇円
近世宗教世界における普遍と特殊―真宗信仰を素材として…引野亨輔　二、八〇〇円
日本中世の地域社会と一揆―公と宗教の中世共同体……川端泰幸　二、八〇〇円
日本古代の僧侶と寺院……………牧　伸行　二、八〇〇円
「精神主義」は誰の思想か………山本伸裕　二、八〇〇円
天皇制国家と「精神主義」―清沢満之とその門下……近藤俊太郎　二、八〇〇円
近代仏教のなかの真宗―近角常観と求道者たち　碧海寿広　三、〇〇〇円

価格税別

法藏館